ШИМОН ГАРБЕР

ГОМО САПИЕНС

ТОМ 4

(HOMO SAPIENS)

Суеверия · Вера · Религия · Политика

Сборник эссе

Newcomers Authors Publishing Group

2024

Шимон Гарбер

ГОМО САПИЕНС

Том 4

Суеверия • Вера • Религия • Политика

Сборник эссе

Newcomers Authors Publishing Group

Все права защищены
© Шимон Гарбер
TX 8-821-907

Редактор русского текста: В. Серова
Корректор: А. Пелан
Компьютерный дизайн: В. Белинкер
Newcomers Authors PublishingGroup

2024 год

ОГЛАВЛЕНИЕ

Предисловие	5
Израиль в огне:	8
АЛЬ-КАЙДА	9
ХОЛОКОСТ	11
СОЗДАНИЕ ГОСУДАРСТВА ИЗРАИЛЬ	13
Войны Израиля	19
ХАМАС	29
ПАЛЕСТИНЦЫ	75
ВЕРА-РЕЛИГИЯ-ИДЕОЛОГИЯ	82
НАЧАЛО	83
РОССИЯ:	99
Карл Маркс	103
Владимир Ленин	113
Иосиф Сталин	125
От ЧК до ФСБ	131
Путин	149
Иран	157
Ядерная программа	165
АМЕРИКА БАЙДЕНА	169
ПОСЛЕСЛОВИЕ	175

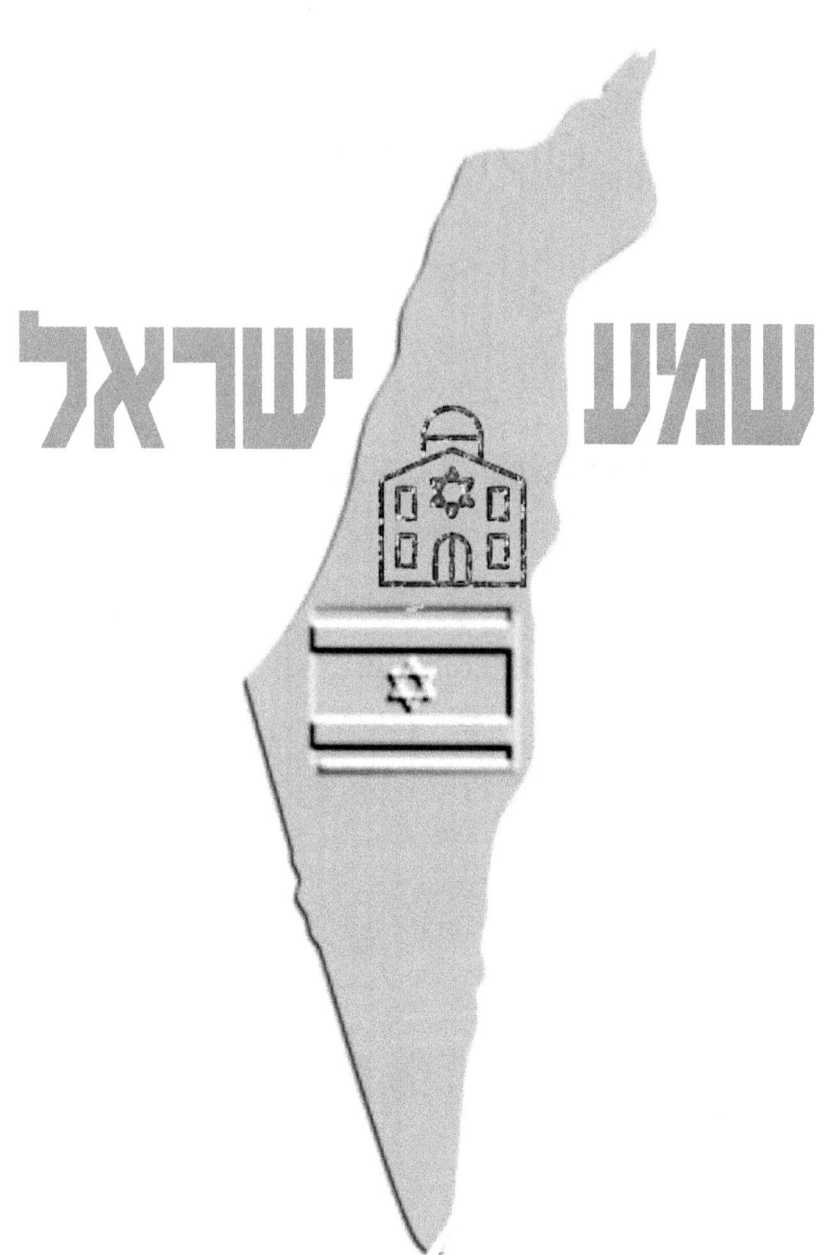

ПРЕДИСЛОВИЕ

Четвертый том сборника различных очерков посвящен размышлениям о человечестве, его истории, развитии и уникальном возникновении вида Гомо сапиенс (Homo sapiens.) Различные типы человеческих видов, их происхождение в Африке около 300 000 лет назад, когда изменения климата вынудило их двигаться в поисках новых источников пищи. История развития нашего вида, гомо сапиенс, (homo sapiens) подтверждает постоянное влияние войн, религий, идеологий и научных открытий, развитие и выживание нашего вида.

Войны: Жажда власти и прибыли всегда сопровождала человечество, приводя к массовым страданиям и разрушениям. Война всегда была главным двигателем исторического развития и одновременно угрозой существованию человеческой цивилизации.

Религии: влияние религий на формирование социальных устоев и мировоззрения. Противоречия между религиозными взглядами, научным пониманием эволюции и влиянием религиозных конфликтов на мировую политику.

Идеологии и современное общество: переход от общества, регулируемого религиозными традициями, к светской модели общественного устройства, секуляризация общества (процесс снижения роли религии в жизни общества) - необратимый процесс, неуклонно ведущий к сокращение масштабов религии, ее прогрессивный упадок и, в очень долгосрочной перспективе, ее исчезновение. Судя по влиянию религии на мозг современного человека, здравый смысл и логика сосуществования разных мнений и взглядов все еще невероятно далеки от идеала. Наш вид перешел от обществ, построенных на религиозных принципах, к монархии, затем к обществам, построенным на идеологиях, и последнее достижение современной цивилизации к демократическим принципам, с уважением к правам личности и международному праву в современном мире. С прискорбием констатируем, что наш вид еще далек от создания идеального сообщества, пригодного для сосуществования различных рас, идеологий и религий на нашей планете Земля.

Научные достижения и их последствия: Научные открытия, от письменности до современного искусственного интеллекта, создали потенциал превратить мир в «Райский сад», но используются исключительно для разжигания новых конфликтов и усиления существующих конфронтаций.

Проблемы современного мира: ядерные угрозы, массовая миграция и экологические катастрофы подчеркивают хрупкость современного общества и необходимость международного сотрудничества для предотвращения глобальных катастроф.

Размышления о том, что, несмотря на все достижения и прогресс, человечество, как и тысячи лет назад, продолжает сталкиваться со многими проблемами, которые действительно могут грозить человечеству самоуничтожением. Основная проблема заключается в том, что для сохранения и улучшения условий жизни на Земле человечество должно стремиться к миру, взаимопониманию, сотрудничеству, преодолению препятствий, вызванных войнами, религиозными и идеологическими разногласиями.

Необходимость коллективных усилий по преодолению глобальных проблем, таких как изменение климата, неравенство и опасность распространения ядерного оружия, очевидна. Все это приводит к пониманию того, что только совместными действиями можно достичь устойчивого развития мира.

Существует оптимизм в отношении потенциала человечества по превращению Земли в место, где будущие поколения смогут жить и процветать, но достижение этой цели требует преодоления глубоко укоренившихся предрассудков и конфликтов. Научно-технические достижения могут быть использованы как на благо человечества, так и для его уничтожения. Осталось поразмышлять на тему человеческой природы и возможности ее изменения. Способен ли гомо сапиенс (homo sapiens) преодолеть свою агрессивность и стремление к доминированию, чтобы построить общество, основанное на сотрудничестве, толерантности и взаимном уважении. Успех в этом направлении предотвратит самоуничтожение человечества и позволит ему достичь новых высот в развитии цивилизации.

ГОМО САПИЕНС ТОМ 4 «HOMO SAPIENS» VOL 4, – это продолжение серии очерков о сложной и удивительной истории человеческой цивилизации, ее прошлом, настоящем и будущем. Мы надеемся, что читатель задумается о своем месте в этом мире и о том, где каждый из нас несет ответственность за создание лучшего будущего для всех нас.

Израиль в огне

АЛЬ-КАЙДА

1 сентября 2001 года началась новая эра для жителей США. Девятнадцать террористов-смертников, принадлежащих к исламистской организации Аль-Кайда, возглавляемой богатым саудовцем Усамой бен Ладеном, совершили беспрецедентный теракт, унесший жизни 2996 невинных людей.

Девятнадцать исламистских террористов, по плану разработанному командой Усамы бен Ладена, вооруженные резаками для бумаги, захватили четыре пассажирских авиалайнера и направили их к заранее намеченным целям.

В 8:46 первый авиалайнер, двигавшийся со скоростью несколько сотен километров в час и перевозивший около 40 000 литров реактивного топлива, врезался в 110 этажную Северную башню Всемирного торгового центра в Нижнем Манхэттене.

В 9:03 второй авиалайнер врезался в 110 этажную Южную башню. Огонь и дым полетели вверх. Сталь, стекло, пепел и тела падали вниз. Башни близнецы, в которых ежедневно работало до 50 000 человек, рухнули через 90 минут.

В 9:43 третий авиалайнер врезался в восточную стену Пентагона.

В 10:03 четвертый авиалайнер рухнул в поле благодаря героическим пассажирам, пытавшимся взять управление самолетом на себя.

В ответ на террористическую атаку 11 сентября

2001 года США провели военную операцию в Афганистане с целью уничтожить Аль-Кайду и захватывающий восточные страны ИГИЛ (Исламское Государство Ирака и Леванта).

По данным разведки, Усама бен Ладен скрывался в горных пещерах Афганистана. Армия США применила новейшие неядерные глубинные бомбы, проникающие в горные породы на значительную глубину. Усама бен Ладен бежал в Пакистан. 2 мая 2011 года Усама бен Ладен был убит во время рейда ВМС США в Пакистане.

В 2003 году США развязали войну в Ираке, обосновав вторжение информацией о создании атомной бомбы. Правительство Ирака в лице Саддама Хусейна было свергнуто. Вторжение было связано с войной против террористических атак 11 сентября. Никаких следов разработки атомного оружия обнаружено не было.

ИГИЛ — радикальная террористическая группировка, объявившая себя «Исламским государством» в 2006 году. ИГИЛ уже несколько лет проводил успешные военные операции в Сирии и Ираке. Активно распространял идеологию радикального исламизма. Создав военные формирования, он контролировал огромные территории, так называемое «Исламское государство»-халифат, от Афганистана до Ливана, на территориях, где проживало до 8 миллионов человек. ИГИЛ стало реальной угрозой мировой безопасности. Международное сотрудничество, осуждающее жестокость, нарушения прав человека, а также заявленное намерение ИГИЛ распространить войну на другие государства с целью создания «Глобального Халифата» побудило многие страны предпринять военные действия против ИГИЛ. К концу 2017 года «Исламское государство» было уничтожено. Лидер ИГИЛ Абу Бакр Багдади был убит американским спецназом в Сирии.

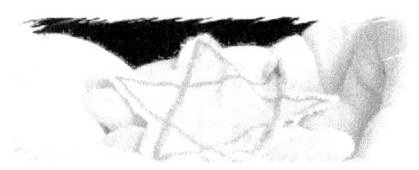

НЕ БЫЛО БЫ СЧАСТЬЯ, НО НЕСЧАСТЬЕ ПОМОГЛО

(Русская пословица)

ХОЛОКОСТ

Холокост — это геноцид, в ходе которого нацистская Германия и ее союзники убили около шести миллионов евреев в период с 1941 по 1945 год. Это одно из самых трагических и ужасных преступлений против человечества в истории.

Холокост, также известный как Шоа, был систематической, бюрократически организованной попыткой истребить весь еврейский народ. Нацисты, стремясь создать «чистую» арийскую расу, считали евреев своим главным врагом. Геноцид осуществлялся посредством массовых казней, использования газовых камер в концентрационных лагерях, принудительного труда, голодания и медицинских экспериментов над заключенными.

Преследование евреев началось с приходом к власти Гитлера в 1933 году, а систематическое истребление началось с нападения на Советский Союз 22 июня 1941 года в ходе кампании, известной как операция «Барбаросса». Это ознаменовало начало важной фазы Холокоста, которая включала создание мобильных отрядов убийц, известных как айнзацгруппы, которые следовали за немецкими войсками и расстреливали евреев в местах их проживания.

Конец Холокоста пришёл с окончанием Второй мировой войны в Европе, 8 мая 1945 года. Когда союзные войска освобождали территории, оккупированные нацистами, они обнаружили концентрационные лагеря и узников, которые выжили в ужасающих условиях. Последствия Холокоста оказали глубокое влияние на мировую историю и политику, приведя к созданию организаций и законов, направленных на предотвращение геноцида в будущем.

Евреи всего мира мечтали о возвращении на земли предков. Первой масштабной иммиграцией (евреи называют возвращение на землю своих предков алией, т.е. репатриацией) можно считать исход евреев из России в 1882-1903 годах.

СОЗДАНИЕ ГОСУДАРСТВА ИЗРАИЛЬ

Лорд Артур Джеймс Бальфур сыграл ключевую роль в истории создания Государства Израиль. Его имя тесно связано с так называемой Декларацией Бальфура, сформулированной в ноябре 1917 года. Это было письмо, отправленное лордом Бальфуром, тогдашним министром иностранных дел Великобритании, лидеру британской еврейской общины лорду Ротшильду.

В этом письме от имени правительства выражалась поддержка созданию «национального дома еврейского народа» в Палестине, которая тогда находилась под контролем Османской империи, а впоследствии перешла под британский мандат. Важно отметить, что в декларации также подчеркивается, что не следует предпринимать ничего, что могло бы ущемить гражданские и религиозные права существующих нееврейских общин в Палестине.

Эта декларация сыграла ключевую роль в дальнейшем развитии сионистского движения и легла в основу международной поддержки идеи создания Израиля. Хотя вопросы, связанные с балансом интересов еврейского и арабского населения Палестины, продолжали оставаться предметом многочисленных споров и конфликтов, Декларация Бальфура существенно повлияла на политический ландшафт региона в долгосрочной перспективе.

В 1917 году Великобритания опубликовала Декларацию Бальфура, поддерживающую создание «национального дома для еврейского народа» в Палестине, которая тогда находилась под контролем Османской империи. После Первой мировой войны Палестина перешла под британский мандат, и в регион произошел приток еврейских иммигрантов. Вторая мировая война и катастрофа Холокоста усилили стремление к созданию еврейского государства, поскольку миллионы евреев потеряли свои дома и нуждались в безопасном убежище. В 1947 году, на фоне растущего арабо-еврейского конфликта и неспособности Великобритании управлять Подмандатной Палестиной, этот вопрос был передан на рассмотрение Организации Объединенных Наций. ООН предложила план разделения Палестины на два государства: еврейское и арабское. 14 мая 1948 года, в день истечения срока действия британского мандата, Давид Бен-Гурион провозгласил независимость Государства Израиль. Это привело к первой арабо-израильской войне, в которой новообразованное государство смогло сохранить свои позиции и даже расширить свою территорию. Создание Израиля ознаменовало важный момент в еврейской истории, предоставив убежище многим евреям со всего мира, особенно тем, кто пережил Холокост и был вынужден бежать из антисемитских стран. Однако это также обострило многолетний арабо-израильский конфликт, последствия которого существуют и сегодня.

Теодор Герцль в 1897 году на Первом сионистском конгрессе в Базеле провозгласил создание Сионистской организации (цель движения — возрождение еврейского народа и возвращение на историческую родину — Израиль).

Министр иностранных дел Великобритании Бальфур в 1917 году выразил поддержку созданию «еврейского национального дома на территории Палестины».

Ближний Восток, вопреки стремлению арабов создать единое арабское государство, был разделен между колониальными государствами. Палестина и Месопотамия в 1922 году находились под контролем Британской Короны на основании мандата, выданного Лигой Наций. Решение Лиги Наций провозгласило реализацию Декларации Бальфура и создание «еврейского национального дома» в Палестине.

Сионизм — движение, целью которого является создание национального государства для евреев. Основатели сионизма считали, что если евреи создадут государство, они будут в безопасности и смогут защитить себя. В 1948 году при содействии ООН на территории, на которой евреи проживали до изгнания римлянами в 139 году, было создано Государство Израиль.

Создание еврейского государства Израиль было результатом длительных исторических процессов и имело множество причин, но ключевым моментом была необходимость предоставить убежище еврейскому народу после ужасов Холокоста.

Государство Израиль было провозглашено 14 мая 1948 года на территории бывшей Подмандатной

Палестины. Эта территория имеет историческое значение для евреев еще до христианской эры. Три тысячелетия до нашей эры, эту местность населяли ханаанские племена. В 13 веке до н.э. е. воинственные племена (морские народы) с островов Средиземного моря пытались вторгнуться в Египет и южные территории средиземноморского побережья. Они захватили территорию, которая сегодня называется Газой.

В 9 веке до н.э. древние еврейские племена основали на территориях Ханаана Израильское царство, которое впоследствии распалось на два государства. Царство Израиля на севере и Иудейское царство на юге. Между евреями и «народами моря», которых евреи называли плиштимами, т.е. филистимлянами, шли войны за обладание территориями.

Северное Израильское царство, 722 г. до н. э. была завоевана крупнейшей империей древнего мира Ассирией. Население было угнано в рабство и рассеяно среди других народов. В соответствии с традицией Ассирия на эти места переселила другие народы. Южное царство, Иудея, 586 г. до н.э. была завоевана вавилонским царем Навуходоносором. Иерусалимский храм был разрушен, население увидено в плен в Вавилонию.

После завоевания Вавилонского царства в 538 г. до н.э. персами во главе с царем Киром Великим, последний позволил всем пленным народам вернуться на свои территории. Иудейское царство было восстановлено.

Персидское государство пало после битвы в 334 г. до н. э. Вся Малая Азия попала под власть Александра Македонского. Завоеванные территории после смерти полководца перешли к его наследникам-полководцам. Иудейское царство перешло под власть Селевкидов. Евреи постоянно восставали против Селевкидского царства (166–142 года до н.э.), закончившихся независимостью Иудеи.

Новый игрок на мировой арене в то время, Рим, вторгся на Ближний Восток. Евреи восстали против своих новых поработителей. Иудейские войны против римского правления, названные так Иосифом Флавием, не прекращались.

Евреи были изгнаны из своей страны римлянами в 139 году после подавления восстания Бар-Кохбы. Название Палестина связано с именем филистимского народа, некогда жившего на этой земле. Рассеянные среди многочисленных народов, евреи заложили основу «диаспоры» (религиозно-этнической группы, проживающей на новых местах как национально-культурное меньшинство) за пределами Иудеи.

* * *

Евреи – один из древнейших народов мира. Историю этого народа можно прочитать как в Библии, так и во внебиблейских источниках. Второе пленение еврейского народа связано с вавилонским царем Навуходоносором (около 587 г. до н. э.). Вавилонское пленение в 539 г. до н.э., закончилось, что позволило евреям вернуться на свои земли.

В 63 г. до н. э. Римские войска под командованием Помпея Великого прибывают в Иудею, где на протяжении многих веков жили евреи. Евреи неоднократно сопротивлялись и восставали против римского правления. В конечном итоге римляне разрушили Иерусалим (70 г.), сожгли второй храм и расселили еврейских жителей по всей Римской империи. Римская империя контролировала огромные территории, и евреи были разбросаны по всем известным тогда странам.

За десятилетия до создания Государства Израиль идея возвращения евреев на историческую родину активно обсуждалась в рамках сионистского движения. Сионизм как политическое движение начал формироваться в конце 19 века и был направлен на создание национального государства для евреев в Палестине. Прошло два тысячелетия, но евреи не забыли свою Родину. Во время празднования главного еврейского праздника «Песах» (исхода из Египта и становления еврейской религиозной жизни) евреи говорили на протяжении двух тысяч лет: «В следующем году – в Иерусалиме».

Войны Израиля

С момента своего основания в 1948 году Израиль был вовлечен в ряд значительных военных конфликтов. Каждая война и конфликт имели свои причины, контексты и последствия, которые формировали как внутреннюю, так и внешнюю политику страны. Краткий обзор основных войн:

Война за независимость (1948-1949) – началась после провозглашения независимости Израиля и последующего вторжения арабских армий из Египта, Иордании, Сирии, Ливана и Ирака. Война закончилась перемирием и значительным расширением территорий, контролируемых Израилем, по сравнению с границами, предложенными ООН в 1947 году.

Суэцкий кризис (1956 г.) - Израиль в союзе с Великобританией и Францией напал на Египет после национализации Египтом Суэцкого канала. Война закончилась вмешательством ООН и выводом израильских войск, но обеспечила свободу судоходства израильским кораблям через Тиранский пролив.

Шестидневная война (1967 г.) – В результате напряженности в отношениях с соседними арабскими государствами Израиль нанес превентивный удар по Египту, что привело к быстрой военной кампании против Египта, Иордании и Сирии. Израиль захватил сектор Газа, Синай, Западный берег реки Иордан, Восточный Иерусалим и Голанские высоты.

Война Судного дня (1973 г.) - Египет и Сирия совершили внезапное нападение на Израиль во время еврейского праздника Йом Кипур. После тяжелых боев Израиль отразил вторжение, но это привело к значительным потерям и последующим мирным переговорам.

Ливанская война (1982 г.) - началась как операция против палестинских боевиков на юге Ливана, но переросла в длительное военное присутствие, вызвавшее многочисленные конфликты и столкновения, в том числе с Хезболлой.

Интифады и последующие конфликты с ХАМАСом и другими группировками. С конца 1980-х годов Израиль столкнулся с серией палестинских восстаний (интифад) и вооруженных столкновений, включая операции в секторе Газа в 2008-2009, 2012 и 2014 годах.

Каждый из этих конфликтов оставил значительный след в истории и политике Израиля, а также повлиял на его отношения с соседними странами и мировым сообществом.

Отношения между Ираном и Израилем оставались напряженными и враждебными, обе страны регулярно обменивались риторикой и угрозами. Иран часто выражал поддержку антиизраильским марионеткам, таким как Хезболла в Ливане и ХАМАС в секторе Газа, которые проводят военные операции против Израиля. Израиль, в свою очередь, обвинил Иран в стремлении разработать ядерное оружие и заявил, что Иран представляет собой значительную угрозу безопасности мировому сообществу. Израилю приписывают проведение тайных операций и нападений на иранские ядерные объекты и ученых.

Израиль обвинил Иран в попытках прямого нападения, например, в использовании дронов и ракет из

Сирии, где Иран поддерживает президента Башара Асада. Израиль отвечал воздушными ударами по иранским объектам в Сирии, стремясь предотвратить иранское военное присутствие на своих границах.

Между Ираном и Израилем не было прямого военного конфликта, но обе страны активно участвовали в региональной конфронтации, которая включала военные действия, поддержку противоборствующих сторон и взаимные угрозы.

В ночь на 13 апреля 2024 года Иран предпринял крупную военную атаку на Израиль, ставшую первой прямой атакой такого масштаба. В этой операции было задействовано около 170 беспилотников, более 30 крылатых ракет и более 120 баллистических ракет. По данным нескольких источников, атака была нацелена на различные места по всему Израилю и на оккупированные Израилем Голанские высоты.

Реакция Израиля на атаку была мощной: его многоуровневые системы ПВО, в том числе «Железный купол», «Стрела» и «Праща Давида», успешно перехватили около 99% входящих угроз, прежде чем они смогли нанести значительный ущерб. Эти оборонительные усилия были поддержаны Соединенными Штатами, а также Великобританией, Францией и Иорданией, которые вместе помогли смягчить атаку.

Сообщается, что действия Ирана были ответом на предыдущий инцидент, произошедший 1 апреля, когда в результате авиаудара Израиля по иранскому консульству в Дамаске погибли два иранских генерала. Эта эскалация отражает продолжающуюся напряженность в отношениях между Израилем и Ираном, усугубленную продолжающимся конфликтом Израиля с ХАМАС и другими поддерживаемыми Ираном группировками в регионе.

Ситуация остается напряженной и имеет потенциал для дальнейшей эскалации, поскольку обе страны обменялись строгими предупреждениями о будущем противостоянии. Международная реакция была неоднозначной: с призывами к сдержанности, но также с решительной поддержкой права Израиля на защиту со стороны различных союзников.

Израиль и окружающие его мусульманские страны находятся в противоречии с момента создания Государства Израиль в 1948 году. Согласно плану ООН, два государства должны быть созданы на территории британской подмандатной колонии. Один для евреев, другой для арабов. В то время как евреи приветствовали это решение с восторгом и ликованием, их арабские соседи отвергли саму идею создания еврейского государства на Ближнем Востоке. Первая война началась на следующий день после провозглашения создания еврейского государства. Современный Израиль за исторически короткий период в 75 лет пережил восемь войн и множество вооруженных столкновений. Пытаясь обезопасить свои территории, Израиль отодвинул свои границы на максимально безопасное расстояние.

Государство Израиль сегодня находится под огнем не только со стороны различных групп исламистских экстремистов, но и со стороны ООН, организации, превратившейся в гнездо хулителей и противников здравомыслия и свободы. Бюджет ООН, состоящий из взносов государств-членов этого органа, составляет многие миллиарды долларов. На что тратятся эти баснословные бесплатные миллиарды?

На 2024 год проект бюджета составил $3,3 млрд.

Рано или поздно эта малоуважаемая организация последует за Лигой Наций, основанной после Первой мировой войны.

Государство Израиль было провозглашено 14 мая 1948 года на территории бывшей Подмандатной Палестины. Эта территория имеет историческое значение для евреев еще до христианской эры. На протяжении трёх тысячелетий эту территорию населяли ханаанские племена. Земля Израиля – родина еврейского народа. Библия описывает историю еврейского народа за тысячу лет до нашей эры. проживающих на этой территории. Рим, захвативший эти территории, изгнал евреев из этой страны в 139 году за постоянные восстания против римской власти. Территории были переименованы в Палестину, в честь народов моря — филистимлян, завоевавших Газу в 13 веке до нашей эры.

***

В субботу, 7 октября 2023 года, для Израиля началась новая эра. То, что было известно абсолютно всем в стране, вдруг оказалось совершенно неожиданным. Теракт, к которому страна готовилась и обсуждалась во всех СМИ, оказался полной неожиданностью для руководства страны. Премьер-министр Биньямин Нетаньяху впал в прострацию, возможно, от неожиданности, и только через пять часов пришел в себя. Что здесь удивительного? Товарищу Иосифу Сталину, узнавшему о неожиданном нападении Германии в 1941 году, потребовалось несколько дней, чтобы прийти в себя. Когда к нему пришли коллеги по партии, он был готов к аресту. Но к нему пришли с самой смиренной просьбой, вернуться на трон. Такое уже было в российской истории. Нечто подобное произошло и в Израиле. Партии нужен был лидер. Биньямин Нетаньяху, собрав все свое мужество, через пять часов после неожиданного нападения обратился к народу Израиля: «МЫ В ВОЙНЕ!»

В тот день ужасная трагедия продолжалась невозможно долго. Израиль не помнит подобных жертв за последние пятьдесят лет. Террор, совершаемый ХАМАСом, пробил потолок боли. Но самым страшным унижением, которое произошло, стало развенчание мифа о непобедимости Сил Обороны Израиля, ЦАХАЛа и всемогуществе израильских спецслужб. Все, что взращивали военные, средства массовой информации и израильское общество на протяжении всей истории страны, рухнуло в тот день.

Израиль победит. Ни у кого нет сомнений. Цена этой победы будет чрезвычайно высока. Израиль должен измениться. Умерших можно только оплакивать. Виновные в этой трагедии будут названы и осуждены. Для Израиля наступит новая эра. Древняя страна не должна жить по древним законам.

Сегодня Израиль должен разработать и принять Конституцию страны. Израиль, современное государство, не может жить по древним религиозным законам в современном мире. ВЫСШИЙ СУД СПРАВЕДЛИВОСТИ (БАГАЦ) должен превратиться в Верховный суд с задачей контроля за соблюдением Конституции. Катастрофа 07.10.2023 должна сделать Израиль еще более могущественным и современным государством, где взрослые не будут бояться за подрастающее поколение.

А что же люди, они даже не догадывались? Думали ли они, что «детишки баловались»? Хотя все и так всё знали. Пострадавшие уже есть. Зверски убитые, расстрелянные, взятые в плен. Военные, старики, женщины, дети. А «детишки» оказались прирожденными убийцами и садистами. Вооруженные и обученные в лагерях Ирана и России, жаждущие крови и наживы, готовые умереть и получить обещанную награду в другой жизни. В той, где соблазнительные томные гурии исполнят все желания, извиваясь в чувственных танцах, возбуждают желание в уставших от любовных утех шахидах от ислама.

Молох (божество, которому приносились человеческие жертвы) получил свое. Идея непобедимости, превосходства, гуманизма, морали, транснациональности, могучего Израиля больше не существует. Завеса упала, открыв ужасную, невозможную правду. Арабы, не в тапочках на босу ногу, а одетые в военную форму, с автоматом АК наперевес, на мотороллерах, пикапах и других различных транспортных средствах, имея в качестве тяжелого оборудования только бульдозер, уничтожили охранный забор во многих местах. То, во что вложены миллиарды долларов. Они разрушили и унизили всю страну. Это была их цель. Это увидел весь арабский мир. Все увидели, что это возможно. Мир видел, что мотивированный боец, вооружённый исламской верой и минимальным вооружением, может танцевать на танке стоимостью в четыре миллиона. Мир увидел, что суперсовременный танк беззащитен, самолет беззащитен, авианосец, идущий к берегам Израиля, тоже будет беззащитен. Точнее бесполезен. Это увидели почти два миллиарда мусульман. Наше общество вчера разуверилось в том, что такие атрибуты сильного государства, как «армия всегда будет на высоте», даже несмотря на раскол в обществе, к сожалению разочаровалось.

***

Создавая Государство Израиль, евреи были мотивированы, объединены идеей, верили в единство, страну и будущее. Идеи общества были выше идей личности. И это совпало с Торой (Ветхим Заветом). Сегодня идея служения Богу преобладает в израильском обществе. 20% населения служат Родине в армии, приобретают профессию, получают знания, позволяющие понимать сущность предметов и явлений, необходимость иметь информацию, позволяющую выбрать профессию и свое место в современном мире. Для религиозного сектора служение богу стало большим бизнесом в Израиле. Так было всегда и везде. А вот приход к власти и возможность распоряжаться финансами по своему усмотрению - этим ультрарелигиозные партии обязаны премьер-министру Биньямину Нетаньяху.

Обоснованные опасения уголовного преследования за свои действия на посту премьер-министра на предыдущем сроке, а также желание обеспечить свою судьбу побудили Нетаньяху изменить некоторые законы и попытаться подчинить себе Высший суд (БАГАЦ).

Премьер-министр Нетаньяху подписал коалиционное соглашение с ультрарелигиозными и ультранационалистическими партиями и появилось необходимое преимущество для власти, с перевесом в четыре голоса. Нетаньяху вновь стал премьер-министром, раздав министерские посты новым друзьям, в надежде впоследствии перехитрить всех. Израиль имеет самое крайне правое правительство в своей истории.

Приступив к работе, коалиционные партии немедленно потребовали выполнения заключенных коалиционных соглашений. Нетаньяху заявил 20 июля, что его правительство работает над вопросом судебной реформы. Суть этой реформы заключалась в том, что Кнессет (правительство) будет иметь право отменять решения Верховного суда (БАГАЦ) относительно законов и постановлений правительства.

По всей стране вспыхнули многотысячные протесты против судебной реформы. Для разгона протестующих полиция применила водометы и задержала нарушителей. По всей стране прошли массовые акции протеста. Закон о реформе судебной системы только усилил дальнейшие протесты после одобрения парламентом одного из самых спорных законопроектов о реформе – отмены «стандарта разумности». Принятый в июле 2023 года закон лишает суды, в том числе Верховный суд, возможности оспаривать решения исполнительной власти, которые могут быть признаны «неразумными» (необоснованными).

Враги Израиля внимательно следили за происходящим. Биньямин Нетаньяху оказался заложником в руках своих партнеров по коалиции. В процессе формирования коалиционного правительства премьер-министр был вынужден пойти на сделку с ультранационалистами, известными своими гомофобными высказываниями и резким отношением к арабам. Светское будущее Израиля, мир на Ближнем Востоке и отношения с Соединенными Штатами находятся под угрозой.

В соответствии с коалиционными соглашениями главы крайне правых партий получили министерские посты. Пост министра финансов получил Бецалель Смотрич, лидер Религиозной сионистской партии. Итамар Бен-Гвир, лидер крайне правой партии «Оцма Йегудид», занял пост министра национальной безопасности Израиля. Он потребовал создания нового силового ведомства – Национальной гвардии численностью две тысячи человек. Его требование было удовлетворено выделением миллиарда шекелей на формирование и оснащение новой структуры. Миллионы шекелей были выделены крайне правым религиозным партиям. Эти коалиционные партии потребовали, чтобы Нетаньяху одобрил гендерную сегрегацию в общественных местах. Например, в государственных школах и вузах предлагается создать отдельные классы для мальчиков и девочек, разделив на сектора театральные, концертные и кинозалы. Ортодоксальная община Израиля поддерживает строгую гендерную сегрегацию, включая поездки на общественном транспорте.

Раввины призвали верующих солдат, проходящих службу в армии (ультраортодоксальные солдаты не проходят обязательную военную службу), отказаться от службы в частях, где есть девушки. Ультрарелигиозные партии также потребовали принятия закона, освобождающего израильтян, изучающих Тору, от военной службы. Военные считают подобные взгляды опасными для Армии обороны Израиля и страны, которая зависит от слаженной и профессиональной работы ее военных структур. Если власть откажется выполнить требования ультрарелигиозных партий, последние грозят выйти из коалиции. Это приведет к развалу коалиции и избранию нового правительства.

Нетаньяху уволил министра обороны Израиля Иова Галанта. Страну захлестнула новая волна протестов против законов, меняющих светский характер демократического Израиля. Нетаньяху вернул Галанта на пост министра обороны.

Враги Израиля выбрали непростое время для нападения на Израиль.

ХАМАС

Исламское движение сопротивления ХАМАС — палестинское исламистское движение, основанное в 1987 году. Политическая партия ХАМАС «победила» на выборах в Законодательный совет Палестины в секторе Газа в 2006 году после ошибочного решения израильских властей полностью уйти из сектора Газа. ХАМАС отверг мирные соглашения Осло 1993 года и объявил жестокую борьбу против Израиля с целью создания исламского государства на всей территории Израиля. Взяв под свой контроль территорию сектора Газа, ХАМАС начал совершать нападения как на военных, так и на гражданское население Израиля. Он нанес удары по территории Израиля с помощью неуправляемых ракет «Кассам». Постоянные конфликты привели к экономической блокаде сектора Газа. Во многих странах ХАМАС признан террористической организацией, за исключением России, Турции, Китая, Катара и ряда других стран. ХАМАС запрещен в Египте и Иордании.

Нападение ХАМАС на Израиль 07.10.2023 стало самым кровавым за последние пятьдесят лет в истории Израиля. По состоянию на 13 октября 2023 года жертвами нападения стали 1200 погибших, более 3500 раненых, более 200 заложников (детей, женщин, стариков) были захвачены боевиками ХАМАС. Подсчет убитых, раненых и заложников продолжается.

Правительство Израиля объявило в стране военное положение и начало военной операции против сектора Газа.

Погибших хоронили по всей стране. Имена виновных в страшном разгроме и гибели людей станут известны после расследования. Израиль никогда не знал такой катастрофической трагедии. Заложники должны быть освобождены. Эта приоритетная задача была возложена на армию.

Террористы, захватившие заложников, последовали примеру Ирана. Там в 1979 год, во время президентства в США Джимми Картера, американское посольство и 66 работавших там дипломатов были захвачены возбужденной толпой. Новое революционное правительство Ирана одобрило захват заложников. Американское правительство направило группу специалистов-диверсантов «Дельта Форс» для насильственного освобождения заложников. К величайшему позору Америки, миссия провалилась. Переговоры продолжались до 1981 года, когда заложники были освобождены.

Движение ХАМАС основано на базе египетского сообщества «Братья-мусульмане» и палестинского «Исламский джихад». Израиль разрешил Хамасу получать пожертвования от стран Персидского залива. ХАМАС пользовался поддержкой Израиля, который рассматривает ХАМАС как конкурента в борьбе против ООП (Организации освобождения Палестины). Хамас получал помощь от Советского Союза, Катара, Ирана и других мусульманских стран. Вывод израильских войск из сектора Газа в 2005 году способствовал популярности ХАМАС.

Президент России Владимир Путин пригласил

делегацию ХАМАС посетить Москву. Были подписаны соглашения о дружбе.

Программа ХАМАС предусматривает разрушение Государства Израиль с заменой его исламской теократической (светская и духовная власть в одном лице) республикой.

В 2007 году Израиль объявил сектор Газа «враждебным образованием» и начал экономическую блокаду. Постоянная эскалация конфликтов привела к масштабной военной операции в секторе Газа «Литой свинец». ООН подвергла Израиль резкой критике.

Основатель ХАМАС Ахмед Ясин заявил: «Любого еврея можно считать военным поселенцем, и наш долг — убить его».

ХАМАС не столько антиизраильский, сколько религиозная исламистская антисемитская организация и ее цель – построить исламистское государство в секторе Газа, которому мир с Израилем просто не нужен.

– Фрэнк Стонтон, Лондонский университет

ХАМАС в Израиле – это ИГИЛ сегодня. Схожие цели, схожая тактика, методы нападения, нечеловеческая жестокость. Распространенность ХАМАС в Израиле, Сирии, Ливане и других исламских государствах во всем напоминает тактику ИГИЛ. Уничтожение боевиков ХАМАС в Израиле не означает окончательной победы над этой террористической исламистской организацией. Многоголовая гидра ненависти и жажды мести будет возникать снова и снова.

ХАМАС и Хезболла, по сути, являются прокси (доверенными лицами,) союзниками Ирана, выполняющими конкретную миссию. Вступление группировки «Хезболла» в войну на севере Израиля будет означать открытие второго фронта и очередной наземной операции в Ливане. Соединенные Штаты предостерегли «Хезболлу» от вступления в конфликт между Израилем и ХАМАС.

Очередная война на Ближнем Востоке стала реальностью. В этом нестабильном регионе переплетаются интересы многих стран. Иран поддерживает большинство радикальных исламистских режимов. Россия – которая увязла в войне против Украины и нуждается в ракетах и беспилотниках, поставляемых Ираном. Различные исламские государства поддерживают палестинцев. В Ливане огромная армия Хезболлы, прокси Ирана, готовится атаковать Израиль с севера. Хуситы на юге Аравийского полуострова официально объявили войну Израилю. Президент Турции Тайип Эрдоган заявил: «Мы объявим Израиль военным преступником». Существует возможность вмешательства в военный конфликт на Ближнем Востоке: России, Ирана, Турции, Китая, стран Персидского залива, США и их союзников. Локальный конфликт может перерасти в региональный, а затем и в третью мировую войну. Никто этого не хочет, за исключением радикальных режимов. Если это все-таки произойдет, попкорн просто никому будет не нужен.

ХАМАС отверг мирные соглашения Осло 1993 года и объявил жестокую борьбу против Израиля с целью создания исламского государства на всей территории Израиля. Он наносил удары по территории Израиля с помощью неуправляемых ракет «Кассам».

Правительство Израиля объявило в стране военное положение и начало военной операции против сектора Газа. Имена виновных в страшном разгроме и гибели людей станут известны после расследования. Израиль никогда не знал такой катастрофической трагедии. Заложники должны быть освобождены. Эта приоритетная задача была возложена на армию.

* * *

Хезболла – «Партия Аллаха», военизированная ливанская шиитская организация, стремящаяся создать исламское шиитское государство, практически захватила власть в Ливане. Лидер этой партии Хасан Насралла не исключает участия "Хезболлы" в вооруженном конфликте между Израилем и ХАМАС. Соединенные Штаты и другие западные страны признали «Хезболлу» террористической организацией. Израиль дважды воевал против «Хезболлы» в Ливане.

Почему израильтяне и палестинцы воюют? Корни этой ненависти и противостояния следует искать в древних временах. Евреи были изгнаны из своей страны римлянами в 139 году после многочисленных еврейских войн и восстания Бар-Кохбы. Император Адриан приказал разрушить Иерусалим. В соответствии с римскими традициями землю вспахивали волами и посыпали солью. На месте Иерусалима был основан языческий город Элия Капитолина. Само название страны – Иудея – было заменено на Палестину. Это название связано с названием народа филистимлян, некогда жившего на этой земле. Библия упоминает этот народ и его противостояние со вторым еврейским царем Давидом. Изгнанный из своей страны, еврейский народ был расселен по многочисленным известным в то время странам и континентам. На протяжении двух долгих тысячелетий евреи кочевали из страны в страну, иногда оселяясь на несколько столетий, но затем изгонялись как чужестранцы, не желавшие принять веру страны, в которой они нашли приют. Евреи, разбросанные по странам Европы, Востока и Азии, подвергались гонениям, погромам и убийствам.

При императоре Константине Великом в 313 году христианская церковь получила право на свободную деятельность в Римской империи. В четвертом веке Римская империя разделилась на Западную (католическую) и Восточную (православную). Несмотря на то, что в основе христианской веры лежит иудаизм, а все двенадцать апостолов и сам христианский Господь Иисус Христос были евреями, а Тора (Ветхий Завет) включена в Библию, с первых дней ее существования христианство обвинил евреев в смерти Христа, положив тем самым начало гонению на евреев.

* * *

В 622 году в Медине появился мусульманский пророк Мухаммед. Он конфисковал все земли, принадлежавшие племенам, исповедующим иудаизм. Его преемник, халиф Умар ибн Хаттаб, приказал всем евреям покинуть центральные и северные районы Аравийского полуострова в 640-х годах. В 638 году Иерусалим был захвачен воинами Ислама. Этот город стал третьим святым местом для мусульман после Мекки и Медины. В VII веке арабские войска захватили страны Средиземноморья и Европы. Конфликт между христианами и мусульманами был неизбежен. Этот конфликт продолжается и сегодня. Ислам, крупнейшая вторая религия в мире.

В 1095 году папа Урбан II провозгласил Первый крестовый поход. Целью кампании было освобождение Иерусалима от мусульманского правления. Первый крестовый поход начался с резни европейских евреев. Неграмотные крестьяне понятия не имели, где находится Иерусалим. Но неверные евреи были рядом и беззащитны. Погромы и убийства евреев охотно поддерживались местным населением.

В 1099 году новый крестовый поход увенчался успехом и 15 июля был взят Иерусалим. Как водиться с реками крови и насилия.

В 1187 году султан Египта и Сирии Салах ад-Дин разгромил крестоносцев и отбил Иерусалим.

* * *

Османское государство было создано на северо-западе Азии турками-османами в 1299 году. Исламизированные воинственные потомки тюркских кочевых скотоводческих племен из Азии отправились на завоевание Европы. Османское государство во главе с султаном Мехмедом II завоевало Константинополь в 1453 году, превратив город в свою столицу Стамбул. Во время правления султана Селима (1512-1520) Османское государство стало халифатом. Завоевания Османской империи продолжались и в VI веке и простирались от Анатолии до стран Юго-Восточной Европы, Передней Азии, Северной Африки, Сирии, Иордании и Аравии. Османская империя правила с 1517 по 1917 год. Первая мировая война закончилась поражением Османской империи.

Ближний Восток, вопреки стремлению арабов создать единое арабское государство, был разделен между колониальными государствами. Палестина и Месопотамия в 1922 году находились под контролем Британской Короны на основании мандата, выданного Лигой Наций. Решение Лиги Наций провозгласило реализацию Декларации Бальфура и создание «еврейского национального дома» в Палестине.

Евреи всего мира мечтали вернуться на земли своих предков. Первой масштабной иммиграцией (евреи называют возвращение на землю своих предков алией, т.е. репатриацией) можно считать исход евреев из России в 1882-1903 годах.

* * *

Государство Израиль было провозглашено 14 мая 1948 года на территории бывшей Подмандатной Палестины. Эта территория имеет историческое значение для евреев еще до христианской эры. Три тысячелетия до нашей эры. эту местность населяли ханаанские племена. В 13 веке до н.э. воинственные племена (морские народы) с островов Средиземного моря пытались вторгнуться в Египет и южные территории средиземноморского побережья. Они захватили территорию, которая сегодня называется Газой.

В 9 веке до н.э. древние еврейские племена основали на территориях Ханаана Израильское царство, которое впоследствии распалось на два государства. Царство Израиля на севере и царство Иуды на юге. Между евреями и «народами моря», которых евреи называли плиштимами, т.е. филистимлянами, шли войны за обладание территориями.

Северное Израильское царство, 722 г. до н. э. была завоевана крупнейшей империей древнего мира Ассирией. Население было угнано в рабство и рассеяно среди других народов. В соответствии с традицией Ассирии на эти места были расселины другие народы. Южное царство, Иудея, в 586 г. до н.э. была завоевана вавилонским царем Навуходоносором. Иерусалимский храм был разрушен, население уведёно в плен в Вавилонию.

После завоевания Вавилонского царства в 538 г. до н.э. персами во главе с царем Киром Великим, последний позволил всем пленным народам вернуться на свои территории. Иудейское царство было восстановлено.

Персидское государство пало после битвы в 334 г. до н. э. Вся Малая Азия попала под власть Александра Македонского. Завоеванные территории после смерти полководца перешли к его наследникам-полководцам. Иудейское царство перешло под власть Селевкидов. Евреи постоянно восставали против Селевкидского царства (166–142 года до н.э.), закончившихся независимостью Иудеи.

Новый игрок на мировой арене в то время, Рим, вторгся на Ближний Восток. Евреи восстали против своих новых поработителей. Иудейские войны против римского правления, названные так Иосифом Флавием, не прекращались.

Евреи были изгнаны из своей страны римлянами в

139 году после подавления восстания Бар-Кохбы. Название Палестина связано с именем филистимского народа, некогда жившего на этой земле. Рассеянные среди многочисленных народов, евреи заложили основу «диаспоры» (религиозно-этнической группы, проживающей на новых местах как национально-культурное меньшинство) за пределами Иудеи.

* * *

При императоре Константине Великом в 313 году христианская церковь получила право на свободную деятельность в Римской империи. В четвертом веке Римская империя разделилась на Западную (католическую) и Восточную (православную). Несмотря на то, что в основе христианства и христианской веры лежит учение еврейской секты, которая верила, что Мессия уже пришёл в образе Христа, но не была принята основной массой еврейского народа.

Изгнанный из своей страны, еврейский народ рассеялся по многочисленным известным в то время странам и континентам. На протяжении двух долгих тысячелетий евреи кочевали из страны в страну, иногда оставаясь в какой-то стране на несколько столетий, но затем вновь изгонялись как чужаки, не желавшие принять веру страны, в которой они нашли приют. Евреи, разбросанные по странам Европы, Востока и Азии, подвергались гонениям, погромам и убийствам.

* * *

В период 711-718 годов исламизированные североафриканские берберские племена вторглись на Пиренейский полуостров. Армия вестготов потерпела поражение.

Покоренное завоевателями население облагалось налогом (джизья), а восставшие подвергались жестоким репрессиям. Существует информация о распятых в Кордове, повешенных в Гранаде, обезглавленных в Толедо, Барселоне и Севилье. Обезглавливания в Севилье заказал Мутамид: этими отрубленными головами евреев и христиан он украсил свой дворец. В Саморе головы были отрублены по приказу Аль-Мансура, визиря, известного как «покровитель философов и величайший лидер исламской Испании».

На завоеванной территории в Иберии образовалось исламское государство Аль-Андалус, просуществовавшее до 1492 года.

Первые еврейские поселения появились в Испании (Сфарад, иврит) за тысячу лет до нашей эры. Массовая миграция евреев в Испанию произошла после того, как римляне изгнали их со своей земли.

Арабское завоевание Пиренейского полуострова началось в 711 году. Поначалу завоеватели использовали знания евреев в различных областях. В этот период евреи-сефарды занимали высокие посты. Но очень скоро толерантное отношение сменилось репрессиями. Евреи двинулись на север, в районы, отвоеванные у арабов испанцами. Христианские короли были более терпимы к сефардам. В 1492 году испанцы разгромили арабов.

Король Фердинанд и королева Изабелла предоставили сефардам и мусульманам право выбирать, креститься или покинуть страну. Некоторые еврейские семьи обратились в христианство и остались в Испании. Испанская инквизиция зорко следила за новообращенными (маранами) и при малейших подозрениях секретной службы о тайном поклонении прежней вере подвергала маранов пыткам и казням.

Изгнанные евреи расселялись в Западной и Восточной Европе. А также в мусульманских странах Африки и Ближнего Востока.

* * *

В 9 веке обширные территории Азии были оккупированы турками-сельджуками, носителями кочевой культуры. Вождь одного из племен Осман в 1299 году принял титул «Султан», а его подданных стали называть турками-османами. Османы подчинили себе все мусульманские владения в Малой Азии.

В мае 1453 года войска султана Мехмеда II напали на Константинополь. Падение Восточной Римской империи, Византии, означало конец тысячелетней величайшей империи в мире. Зверства, которые ознаменовали отношения между завоевателями и мирным населением, были отмечены сжиганием победителями аббатств, монастырей, осквернением церквей, изнасилованием монахинь, христианок и еврейских женщин, многие из которых были проданы в рабство или отправлены в гаремы.

К 1487 году османы подчинили себе все мусульманские владения Малоазиатского полуострова. Название «османы» стало престижнее, чем просто «турки», и постепенно все мусульмане Османской империи (и не только тюркоязычные), а также христиане, принявшие ислам в Османской империи, стали называть себя османами. Воинственные османы завоевали многие территории: Кавказ, Крым, большую часть Аравийского полуострова, Балканский полуостров, Египет, страны Северной Африки и многие страны Восточной Европы.

Еврейские общины в Малой Азии существовали задолго до прихода турок-османов. Евреи, изгнанные из Испании, поселились во многих мусульманских странах Ближнего Востока и Азии. Османский султан Баязид II разрешил изгнанным евреям из Испании и Португалии поселиться в Османской империи.

* * *

Еврейский народ жил в рассеянии более 2000 лет. Евреи были везде чужими, этот народ считался виновным в смерти христианского Бога, и по мнению христианских авторитетов, этот народ должен был терпеть страдания и гонения. Все эти столетия евреев жестоко угнетали и преследовали. Особенно жестокими гонения на евреев были в христианской Европе. От Испании на западе Европы до России на востоке евреи, жившие в христианских государствах, подвергались жесточайшим гонениям, обвинялись в различных преступлениях, их преследовали и убивали. Холокост, систематическое массовое уничтожение евреев под руководством лидера нацистской Германии Гитлера, достиг своего апогея. Для «окончательного решения еврейского вопроса» нацистская Германия создала концентрационные лагеря истребления. Шесть миллионов евреев были уничтожены.

Лорд Артур Джеймс Бальфур сыграл ключевую роль в истории создания Государства Израиль. Его имя тесно связано с так называемой Декларацией Бальфура, сформулированной в ноябре 1917 года. Это было письмо, отправленное лордом Бальфуром, тогдашним министром иностранных дел Великобритании, лидеру британской еврейской общины лорду Ротшильду.

В этом письме правительство выразило поддержку созданию «национального дома еврейского народа» в Палестине, которая тогда находилась под контролем Османской империи, а впоследствии перешла под британский мандат. Важно отметить, что в декларации также подчеркивается, что не следует предпринимать ничего, что могло бы ущемить гражданские и религиозные права существующих нееврейских общин в Палестине.

Эта декларация сыграла ключевую роль в дальнейшем развитии сионистского движения и легла в основу международной поддержки идеи создания Израиля. Хотя вопросы, связанные с балансом интересов еврейского и арабского населения Палестины, продолжали оставаться предметом многочисленных споров и конфликтов, Декларация Бальфура существенно повлияла на политический ландшафт региона в долгосрочной перспективе.

Для ХАМАСа это священная религиозная война против еврейского народа, исповедующего иудаизм. ХАМАС не признает право Израиля на существование.

ХАМАС – религиозная террористическая организация. Эта организация является прокси (доверенным лицом, уполномоченным) Ирана. Спонсорами ХАМАС являются Иран, Катар, Турция, а также частные спонсоры, проживающие в странах Персидского залива, и палестинцы, проживающие в Европе и США. ХАМАС закупил самое современное оружие для вооружения боевиков. Бойцы ХАМАС проходили подготовку внутри анклава, в Сирии и Иране. Израиль считает, что в секторе Газа имеется 10 тысяч ракет различной дальности до 200 км. Для палестинцев задача-максимум — уничтожить всех евреев. Задача минимум – изгнание всех евреев с этой земли. Мифология этой земли лежит в основе конфликта между евреями и мусульманами. Последователи трех религий: иудейской, христианской и исламской с незапамятных времен враждовали друг с другом. Территория современного Израиля считается святой землей для всех трёх религий. Центр этой земли – Иерусалим.

Для евреев это земля, где Бог начал создавать мир. Здесь был построен Первый Храм (Соломона), который был разрушен вавилонянами под предводительством Навуходоносора. Второй храм на месте разрушения был восстановлен вернувшимися из вавилонского плена евреями под руководством священника Ездры. Храм был перестроен во всем своем великолепии иудейским царем Иродом Великим, но был разрушен римлянами. Сохранившаяся часть западной стены — это Стена Плача, важнейшая еврейская святыня.

Для христиан Иерусалим – святой город, в котором был распят Христос и отсюда он вознесся на небо после своего воскресения. Здесь был построен Храм Гроба Господня – главная святыня христиан.

Для мусульман Иерусалим – святое место, откуда Пророк Мухаммед вознесся для встречи с Аллахом. В честь этого события на Храмовой горе была построена мечеть Аль-Акса. Это третья по значимости мусульманская святыня после Мекки и Медины.

Мифология религий, прошедшая через тысячелетия, объясняет непримиримую враждебность между израильтянами и палестинцами. Эта трудноразрешимая проблема не имеет решения в современной истории нашего вида.

Коран содержит сорок три аята со ссылками на Бани Исраэль (Дети Израиля). Арабский термин для обозначения евреев – Яхуди. Мухаммед предложил евреям принять ислам, объяснив, что он пророк, посланным Богом, согласно еврейским писаниям. Евреи отказались, осыпая Мухаммеда насмешками. Это было воспринято как объявление войны. Хадисы (изречения Пророка Мухаммеда): «Судный день не наступит до тех пор, пока мусульмане, воюя с евреями, не добьются того, чтобы евреи спрятались за камнями и деревьями. Камни и деревья скажут им: «О мусульмане, о Абдулла, за мной стоит еврей, придите и убейте его».

Маймонид и его оценка отношения мусульман к евреям:

«...В наказание за наши грехи Бог бросил нас на милость этого народа, народа Измаила (то есть мусульман), которые упорно преследуют нас, разрабатывают способы причинить нам вред и способы унизить нас. ...Ни одна нация никогда не причиняла Израилю большего вреда. Никто не хотел его так унижать. Никто не смог унизить нас так, как они... Мы вынесли их стремление к нашему насильственному унижению, их ложь, их нелепости, выходящие за пределы человеческих возможностей... Несмотря на это, мы не избавлены от их свирепости и зла в любой момент. Наоборот, чем больше мы страдаем и пытаемся им уступить, тем более воинственными и агрессивными они становятся по отношению к нам».

ХАМАС подтвердил свое намерение бороться с существованием Израиля:

«Вся земля от реки Иордан на востоке до Средиземного моря на западе - должна принадлежать мусульманам».

* * *

Очередной день войны Израиля с террористами ХАМАС. Армия вошла на территорию анклава и продолжает с осторожностью зачищать территорию, осознавая сложность задач, стоящих перед войсками. ХАМАС, благодаря Ирану, России, Турции, Катару и другим ненавидящим Израиль стражам, оснащен самыми современными военно-техническими средствами для ведения войны с Израилем и уже много лет роет подземные туннели и убежища. По многочисленным данным, собранным израильской разведкой, длина сети туннелей может составлять 500-700 км. В туннелях расположены заводы по производству ракет, мин и бомб. Этот подземный комплекс представляет собой серьезную проблему, поскольку глубина некоторых участков тоннелей может достигать 70 метров под землей. Помимо опасности ловушек и сложности навигации по такому лабиринту, эксперты полагают, что именно здесь находится большая часть заложников, захваченных ХАМАСом в первые дни войны. Туннели наверняка заминированы и сражаться там весьма проблематично. Израиль использует роботов и дрессированных собак. Главной проблемой остается приоритетная задача спасения заложников. Из-за сложности ведения туннельной войны и нежелания рисковать жизнями солдат командование полагает, что война может продлиться несколько месяцев.

На севере страны, в Ливане, существует еще одна, еще более многочисленная и вооруженная группировка «Хезболла», гораздо более опасная и оснащенная Ираном ракетами и современным вооружением. Хезболла практически захватила власть в Ливане. Экономика Ливана разрушена, северная граница Израиля не урегулирована, происходят постоянные столкновения. Израиль держит там Северную группу войск наготове.

Сомнений в том, что Израиль одержит победу в противостоянии с ХАМАС, нет, возможно даже среди лидеров ХАМАС, многие из которых уже ликвидированы.

Цели Израиля:

А) Уничтожить ХАМАС, как организацию, поставившую перед собой цель уничтожить государство Израиль.

Б) Освободить заложников, насильственно удерживаемых в секторе Газа.

В) Вопрос, который сегодня занимает умы многих людей, заключается в том, что будет с людьми, живущими в Газе, и что делать с самой территорией. То, что эта территория не может быть отдана в руки террористов, даже не обсуждается. Такое уже было однажды, это был политический провал правительства, в августе 2005 года, в соответствии с соглашениями Осло (1993 года), подписанными между Израилем и ООП (Организацией освобождения Палестины), Израиль вывел свои войска из сектора Газа и ликвидировал Еврейские поселения.

Исламистская организация ХАМАС захватила власть в секторе Газа в октябре 2006 года. Началась милитаризация сектора Газа. По состоянию на 2023 год население сектора Газа составляло более двух миллионов человек. Статус сектора Газа после окончания войны остается открытым.

Глава ООН Антониу Гутерриш призвал к немедленному гуманитарному прекращению огня на Ближнем Востоке, чтобы облегчить «человеческие страдания эпических масштабов», вызванные конфликтом между Израилем и жителями сектора Газа. Для Антонио Гутерриша это конфликт, а не война между цивилизацией и фанатичными дикарями XXI века, готовыми уничтожить все живое вокруг, включая людей, живущих в секторе Газа. ХАМАС готов унести с собой в могилу все, что не соответствует его представлениям о цели: «Освобождение всей Палестины от реки (Иордан) до моря (Средиземного) – наша стратегическая цель, и нет цели более священной и важной."

* * *

Бойцы ХАМАСа готовы пожертвовать своей жизнью во имя Аллаха в обмен на награду на том свете, достающаяся шахидам. Бесчисленные милые невинные гурии и райское блаженство стоят того, чтобы умереть за них.

Пока уставшие мученики будут наслаждаться прелестями райской жизни, израильтянам придется решить, что делать дальше со всей этой территорией и населением, которое может достигать двух миллионов человек. Все разрушено. Экономика – ноль, а точнее огромное отрицательное число. Все нужно восстанавливать, начиная с расчистки завалов и захоронения найденных трупов. Все необходимо. Деньги решают многие проблемы, международное сообщество поможет восстановить условия жизни в опустошенном секторе Газа.

Тем не менее, главный вопрос, что делать дальше со всей этой проблемой под названием «Сектор Газа», остается открытым. Израиль не имеет права оставлять этот сектор без должного контроля во избежание повторной ошибки вывода войск в надежде, что все наладится. Возрождение ХАМАС, «Исламского джихада» или любой другой религиозной исламистской группировки неприемлемо.

Без сомнения, этот вопрос обсуждается в правительстве, в прессе, в социальных сетях. На 9-м канале израильского телевидения один из приглашенных гостей высказал идею, которая, возможна достойна всякого внимания. Суть этого предложения заключается в том, что в секторе Газа может разместиться военно-морская база США. Миллионы палестинцев в секторе Газа найдут хорошую работу, которая обеспечит им достойную жизнь. Мощная военно-морская база позволит США контролировать безопасность стран ближневосточного региона: Египта, Турции, Сирии, Ливана, Иордании, стран Африканского континента, Средиземноморья, Аравийского полуострова. Саудовская Аравия, Египет, Иордания и многие другие страны выиграют от этого присутствия. Влияние России в этом регионе существенно уменьшится.

Существующей военизированной зоной, не менее, но явно более опасной, чем сектор Газа с боевиками ХАМАС, является военизированная шиитская группировка "Хезболла" на юге Ливана, которая также тесно связана, как и ХАМАС, с фанатичным джихадистским режимом шиитских аятолл в Иране. «Хезболла» — крупнейшая негосударственная армия в мире. Лидер шиитской радикальной группировки Хасан Насралла уже 20 лет скрывается в бункере, записывая свои выступления, которые распространяют СМИ. Израиль воевал с Ливаном в 1982 и 2006 годах. ЦАХАЛ держит на своих северных границах значительные силы, готовые в любой момент отразить атаку боевиков «Хезболлы». Война на два фронта существенно осложнит положение Израиля, однако военно-политическое руководство страны не сомневается в победе.

* * *

Соединенные Штаты направили на Ближний Восток военно-морские силы, системы ПВО и военный персонал. Регион Ближнего и Среднего Востока сегодня более важен, чем когда-либо прежде. Возросшее значение углеводородов, которыми богат этот регион, способствует энергетической безопасности многих стран мира, влияя на всю мировую политику. Постоянная угроза арабо-израильского конфликта и угроза распространения ядерного оружия требует пристального внимания и возможности нейтрализовать эту угрозу. После принятия доктрины Эйзенхауэра в 1957 году регион Ближнего Востока был включен в Стратегию национальной безопасности США.

Перед началом войны ХАМАС с Израилем Белый дом вел интенсивные переговоры на Ближнем и Среднем Востоке о создании экономического коридора: Индия-ОАЭ-Ближний Восток-Саудовская Аравия-Иордания-Израиль-Европа. Этот коридор должен был противодействовать экспансии Китая «Шелковый Путь.» Инициатива США включала огромные инвестиции в морские и железнодорожные перевозки, прокладку интернет-кабелей и многое другое, что принесет стабильность и процветание Ближнему Востоку. Сегодня эти переговоры приостановлены. Чтобы установить прочный мир на Ближнем Востоке после окончания войны, Саудовская Аравия может де-юре взять под свой контроль территорию Газы. Если это произойдет, от этого выиграют все, и на Ближнем Востоке может воцариться мир.

* * *

На 41-й день войны израильские войска ЦАХАЛа оккупировали северную часть сектора Газа. Основная часть северных жителей сектора была временно эвакуирована в южную часть Газы. Эти меры были приняты для минимизации ущерба мирному населению. Для населения с воздуха сбрасывались листовки, а через громкоговорители на арабском языке разъяснялась необходимость выхода гражданского населения на юг сектора Газа. Израильское командование объявило многочасовые гуманитарные перерывы и охраняло коридоры для свободного передвижения к югу от сектора. Ни Египет, ни Иордания, ни какое-либо другое мусульманское государство не согласились принять население сектора Газа, даже временно. Они прекрасно знают, что такое ХАМАС и что произойдет, если они позволят этой группировке обосноваться в их стране.

Израильские военные очень медленно и осторожно продвигались в сектор Газа. Командование ЦАХАЛа опасалось причинить вред заложникам, захваченным ХАМАС 07.10.2023. ХАМАС создал собственные военные коммуникации, оружейные мастерские, склады, ракетные установки, командные пункты и т. д. В так называемом «метро Газы», которое простирается под землей на значительную глубину и имеет протяженность более 500 километров, Израильское командование пытается защитить своих военных от мин-ловушек и других неожиданностей в многоэтажном лабиринте «метро Газы».

Не признавая права Израиля на существование, ХАМАС был задуман его духовным лидером шейхом Ахмедом Ясином. Он входил в политико-религиозную организацию «Братья-мусульмане», запрещенную в ряде государств как террористическую. Ясин был убит в секторе Газа в 2004 году. ХАМАС постоянно выступал против Израиля. Ракетные обстрелы, похищения людей, взрывы и провокации на израильской границе привели к гибели многих израильтян.

Наступил сорок шестой день войны, Израиль против террористов ХАМАС. Северная часть сектора Газа и сам город Газа находятся под контролем израильских войск ЦАХАЛа. Склады оружия, ракет и взрывчатки были обнаружены в больницах, детских садах, школах, на детских площадках и в общественных зданиях. Все это служило прикрытием для боевиков ХАМАС и его лидеров.

Большая часть населения города Газа была эвакуирована на юг сектора, чтобы избежать многочисленных жертв в войне, которую вел ХАМАС.

Солдаты ЦАХАЛа открывают все больше и больше подземных бетонных туннелей на большой глубине. Это уже не «метро Газы», это огромный подземный город, с прорытыми во все стороны туннелями. В том числе и под бетонной стеной между Израилем и сектором Газа. Эта бетонная монолитная стена имела глубину 20 метров и была оборудована датчиками на случай, если кто-то приблизится к этой стене. Почему все это не сработало, и боевики ХАМАС просто снесли забор на поверхности в нескольких местах, еще предстоит понять после окончания войны. Ошибок было так много, что будущие судебные разбирательства по политическим и военным просчетам должны быть преданы гласности, а виновные понести заслуженное наказание.

Во время Войны Судного дня в 1973 году, когда египетские и сирийские войска атаковали Израиль, страна была не готова к этой войне. Израиль победил, но продолжающееся расследование провалов правительства привело к отставке Голды Меир. Это был провал израильской разведки 50 лет назад. Сегодня этот позор повторился. Тогда правительство Голды Меир ушло в отставку. Сегодня мы наблюдаем среди власти высокомерие, невежество и ненасытную жажду руководить страной, что привело к катастрофическим последствиям. Война продолжается, и сегодня мы до сих пор не знаем, сколько жертв придется оплакивать израильскому народу.

Рассчитывал ли ХАМАС на хаос в правительстве Нетаньяху? Наверное, да, весь мир видел многочисленные демонстрации протеста против правительства и его необоснованных решений. Если сам ХАМАС не понимал, что происходит, то его «наставники и доброжелатели» подталкивали террористов, надеясь с помощью ХАМАС нанести Израилю сокрушительное поражение. Имена этих «наставников и доброжелателей» должны быть раскрыты после победы Израиля.

Временное перемирие, а точнее временная приостановка боевых действий между Израилем и ХАМАС, на чем настаивали не только союзники Израиля, но и все международное «либеральное» сообщество, может иметь место. О страданиях «гражданского» населения палестинцев в секторе Газа сообщали средства массовой информации, представители различных стран, выступавшие с трибуны ООН, и многочисленные поклонники «несчастных» палестинцев по всему миру. Телевидение показывало ужасающие страдания «мирного населения» Газы, страдающего по вине израильских военных. Конечно, ХАМАС осуждался за похищения еврейских детей, стариков и женщин. Однако «непропорциональный» ответ ЦАХАЛа Израилю был широко осужден. Как говорил сатирик Михаил Жванецкий: «Ребята, надо быть тщательнее, тщательнее».

Для израильтян нет ничего нового в «дружелюбии» по отношению к евреям. За более чем 2000 лет рассеяния среди других народов евреи прошли через муки, страдания, истребления, презрение, геноцид и его кульминацию — уничтожение шести миллионов евреев в нацистской Германии.

ХАМАС запросил временное перемирие в обмен на заложников. Понятно, что «не все за всех», а много-много палестинцев сидящих в израильских тюрьмах, небольшое количество израильских заложников. Переговоры прошли в Катаре. Израиль не ведет переговоры напрямую с террористами, а Катар выступил в роли посредника. ХАМАС, убежденный в мягкотелости израильтян, запросил по-крупному. «Перерыв в боевых действиях, снабжение Газы топливом, продовольствием, водой, медикаментами и другими «гуманитарными» предметами, необходимыми для военной экономики. В предварительном соглашении было указано соотношение один к трем. На каждого израильского заложника ХАМАС получает трех палестинских заключенных.»

Израиль освобождает палестинских женщин и детей, «несовершеннолетних преступников», то есть освобождает 150 палестинских женщин и подростков, тех, у кого нет «еврейской крови на руках». Израиль получает 50 женщин и детей. Перерыв в боевых действиях сроком на четыре дня должен был вступить в силу в четверг 23.11.2023. Но что-то не сработало. Попытка номер два должна состояться в пятницу 24.12.2023. ХАМАС утверждает, что многих заложников удерживают различные независимые группировки боевиков, надеющиеся получить прибыль от «торговли людьми». Но сам ХАМАС даже не знает, кто и где держит этих несчастных, в каких условиях они содержатся и живы ли они.

Эти люди живут в других тысячелетиях, когда поимка женщин и детей давала хороший бакшиш (заработок на крови). Остается только надеяться, а те, кто верит в Бога, помолиться.

Наступил вечер пятницы, 24 ноября. В 16:00 запланирован обмен израильских заложников на палестинских заключенных, заключенных в израильских тюрьмах за различные преступления. Израиль не может поступить иначе. В этой стране жизнь граждан страны священна. По всей вероятности, если бы ХАМАС мог, он, не задумываясь, отдал бы жизни всех своих соплеменников за уничтожение ненавистных израильтян. Подвергнув этих несчастных людей огню войны и смерти, ХАМАС доказал, как мало для него значит народ Палестины. Ни одна арабская страна не захотела приютить, по крайней мере на время войны, два миллиона палестинских беженцев. Иордания, Египет, Ливан не понаслышке, а на горьком опыте знают, что влечет за собой переселение «палестинских мирных жителей».

Израиль ждет своих заложников, детей, женщин и стариков. Сделку гарантировали Катар, Египет и США. Хамас торжествует. Он стал героем дня. Весь мир говорит и наблюдает за тем, что делает ХАМАС. За него поручились лидеры многих стран. Отвратительные террористы, которые убивают и похищают детей, женщин и стариков. Убийство всех, кого можно застрелить, зарезать или сжечь заживо. Дикие животные убивают жертвы, когда они голодны, ХАМАС убивает жертвы при любой возможности, не встречая сопротивления. Кровавая оргия безнаказанных убийств, слезы и страдания несчастных жертв вызывают чувство вседозволенности и мужества.

Но сегодня наступило похмелье и отчаянное желание жить, сбежать любой ценой. Заложники были захвачены именно на этот явно предвиденный день. Сегодня можно торговаться, предъявлять разные условия, как-то маневрировать и пытаться остаться в живых. Возмездие уже близко. Это неизбежно. Выживших будут судить. Справедливость восторжествует. Но зло неистребимо. Ядовитая рептилия ненависти и желания убивать поднимет свою окровавленную голову, жаждущую свежей крови невинных. Кто станет следующей жертвой многоголовой гидры?

* * *

24 октября 2023 г., 16:00. После долгого ожидания и волнений весь Израиль со вздохом облегчения увидел, как в страну привезли 13 заложников. Они спасенны, их лечат врачи, психологи, люди, призванные бороться с последствиями травмирующих происшествий. Родственники и друзья оповещены и ждут, чтобы обнять своего дорогого каждому сердцу человека. Этого нельзя забыть, этого нельзя простить. Впереди еще три

волнующих дня ожидания освобождения оставшихся 37 заложников. Соглашение с террористами предусматривает обмен 50 израильтян на 150 палестинцев.

Судьба остальных израильских заложников, находящихся в плену у ХАМАСа, до сих пор неясна. То, что террористам ни в чем нельзя доверять, ясно любому израильтянину. Сотни, а может быть, и тысячи людей работают над тем, чтобы транзакция прошла гладко. Здравый смысл подсказывает, что, имея дело с дикими, непредсказуемыми убийцами, следует ожидать всего, вероятней самого худшего. Возможность кровавой вакханалии на фоне внимания всего мира, когда все камеры направлены на ХАМАС. Срыв сделки под любым надуманным предлогом. Желание изменить условия сделки, проверка того, как далеко зайдет Израиль, чтобы умиротворить террористов и спасти своих граждан.

Вечер 25 ноября. В 16:00 запланирован очередной обмен израильских заложников на палестинских заключенных, заключенных в израильских тюрьмах за различные преступления.

Израиль ждет своих заложников, детей, женщин и стариков.

Кровавая оргия ХАМАС, безнаказанные убийства, слезы и страдания несчастных жертв, суть борьбы исламистов

Четырехдневное прекращение огня между ХАМАС и Израилем, которое западные СМИ называют перемирием, продолжилось в субботу, 25 октября. На второй день из четырех согласованных должен состояться второй этап освобождения израильских заложников. В 18:45 на контрольно-пропускном пункте

Рафах, между Египтом и сектором Газа, скопилось множество машин с мигалками. Египет заявил, что сделка по захвату заложников состоялась. Красный Крест, который занимается сделкой, опроверг это сообщение. ХАМАС заявил, что остановил обмен заложниками из-за недостаточного количества доставленной гуманитарной помощи.

Затем появилось второе заявление ХАМАСа: над территорией Южной Газы кружат израильские БПЛА, что для ХАМАСа является нарушением условий «перемирия». Египет: переговоры продолжаются. Лидер ХАМАС: «Это пропаганда». Израиль отверг новые претензии ХАМАС, который требовал, чтобы из тюрем для обмена были освобождены члены ХАМАС, а не женщины и дети.

Израиль предупредил ХАМАС о возобновлении боевых действий в 0.00 утра 26 ноября 2023 года, если возвращение заложников не состоится, как это предусмотрено соглашением о временном прекращении огня. Поздно вечером 25 ноября ХАМАС освободил вторую партию заложников.

ЦАХАЛ сообщил о 17 заложниках: 13 израильтянах и 4 тайцах. Все они уже находятся в Израиле. До возвращения заложников осталось еще два согласованных дня. Будет ли заключено новое временное соглашение о прекращении огня, зависит от ХАМАС. На сегодняшний день есть решение Военного комитета о продлении возможных новых сроков временного прекращения огня, но в целом не более чем на 10 дней. Решение уничтожить политическую и военную структуру ХАМАС остается главным приоритетом операции в секторе Газа.

На третий день действия соглашения о прекращении огня, 26 ноября 2023 года, по обмену израильских заложников на палестинских заключенных в израильских тюрьмах, все произошло в соответствии с договоренностями. Условия те же: за каждого израильтянина террористы требуют трех палестинцев. Израиль выполняет условия сделки, и сегодня весь мир видит, с кем воюет ХАМАС. Последний утверждал, что воевал только с израильскими солдатами, однако во время обмена заложниками мир увидел маленьких детей и пожилых женщин. Ложная пропаганда ХАМАС ясна любому непредвзятому человеку. Обмен прошел в оговоренное время и без проблем. ХАМАС освободил 17 заложников. Среди них 14 израильтян, один заложник с российским паспортом, четырехлетняя Эбигейл Эдан с двойным американо-израильским гражданством, остальные - женщины и дети.

Настал четвертый и последний согласованный день обмена заложников, захваченных террористами ХАМАС, на палестинцев, заключенных в израильские тюрьмах по обвинению в различных преступлениях, но, поскольку жертвы нападения, к счастью, выжили, считается, что на этих преступниках «нет еврейской крови»."

Израиль получил список из 11 израильских заложников, которые будут освобождены в последний день прекращения огня, 27 ноября 2023 года. В списке часть родственников освобожденных заложников остаются в руках ХАМАС. Израиль выразил протест, поскольку это противоречило соглашению. На Израиль усиливается давление с требованием продлить прекращение огня и найти решение конфликта между Израилем и палестинцами.

Вечером 27 ноября 2023 года обмен израильских заложников на палестинских преступников, отбывающих наказание в израильских тюрьмах, состоялся с незначительными нарушениями согласованного протокола. В тот же день Израиль получил предложение продлить прекращение огня еще на два дня в обмен на 20 израильтян (10 в день) и 60 палестинских заключенных (30 в день). Израиль дал свое согласие на эту сделку.

Днем 28 ноября 2023 года Израиль получил список из 10 имен израильских заложников. Ранее были случаи изменения имен заложников непосредственно перед моментом обмена, что вызвало естественное возмущение и протест со стороны Израиля. Подготовка к пятому дню обмена израильских заложников на палестинских пленных шла в обычном режиме.

Неожиданно в сети появилось сообщение о новом предложении ХАМАС. Израиль прекращает военные операции в секторе Газа; в ответ ХАМАС освобождает всех заложников, гражданских и военных. Как это обычно бывает, появилось множество сторонников и противников предлагаемого соглашения.

Сторонники выступали за немедленное прекращение войны, поскольку главная цель — возвращение заложников — будет достигнута. Премьер-министр, положивший конец войне и вернув всех заложников, может рассчитывать на переизбрание.

Противники такого соглашения отмечали, что главная цель – уничтожение ХАМАС – не удастся. Премьер-министр, подписавший такое соглашение, обречен на позор и поражение. Здравомыслящие люди предложили простое решение. ХАМАС сдает все свое оружие и выходит с поднятыми руками, признавая поражение. В Израиле создается международный трибунал, который будет рассматривать преступления, совершенные членами ХАМАС, и выносить решения в соответствии с преступлениями. Девятый канал израильского телевидения предлагает гражданам Израиля открытое голосование на сайте канала.

Следующий день прекращения огня между Израилем и ХАМАСом, 29 ноября 2023 г., прошел не только в ожидании 10 заложников, захваченных 7 октября 2023, но и в жарких дебатах в Интернете и на телеканалах о предложениях ХАМАС. Очевидное давление на израильское руководство со стороны «прогрессивной общественности», не исключая США, усиливается требованием прекратить войну и найти мирное решение палестинской проблемы. Израиль стал заложником своей политики освобождения израильских граждан, захваченных ХАМАС. Возможно, именно на это и рассчитывал ХАМАС. После очевидного нежелания Хезболлы и Ирана участвовать в военных действиях, т.е. прийти на помощь ХАМАС, последний может рассчитывать на давление со стороны своих сторонников, живущих в Европе, США и далее везде. Израиль не может отказаться жить в ожидании обмена своих заложников на палестинских заключенных, а также не может отказаться от окончательного разгрома ХАМАС, иначе он рискует наступить на те же грабли. Как говорил знаменитый римский сенатор Катон Старший, заканчивая свои речи фразой: «И Карфаген должен быть разрушен», израильское правительство военного времени заявляет: «ХАМАС должен быть уничтожен».

Родственники заложников требуют мира с ХАМАС. В этом случае гарантирован позор с последующей отставкой и, возможно, судом над правительством, находящимся у власти. Решение должно быть принято немедленно. Время работает против Государства Израиль. Еще одна группа израильских заложников передана Египетскому Красному Кресту. Это согласованная процедура. ХАМАС передает заложников Красному Кресту, который передает заложников израильтянам.

Что решит правительство военного времени? Что решит расширенное заседание правительства Израиля?

Поздно вечером 29 ноября 2023 года наконец-то состоялся очередной обмен израильских заложников на палестинских пленных. Израиль получил не 10, а 12 заложников. ХАМАС объяснил свою щедрость благодарностью президенту России В. Путину за его мужественную защиту ХАМАС. Двое заложников имели двойное гражданство: израильское и российское.

Очередное прекращение огня было объявлено в связи с очередной группой обменов израильских заложников на палестинских заключённых. ХАМАС передумал проявлять щедрость и прислал список из 8 имен, сославшись на предыдущий день, когда было добавлено двое заложников. Израиль проглотил эту «пощечину», по принципу «бери, что дают». Никто не может сказать с полной уверенностью, как долго будет продолжаться эта игра в кошки-мышки. Можно предположить, что правительство военного времени примет введенные правила прекращения огня в обмен на израильских заложников и будет ждать, пока ХАМАС совершит ошибку и нарушит условия прекращения огня. Президент США Джо Байден выступает за постоянное прекращение огня, увеличение гуманитарной помощи жителям Газы, наказание ХАМАС и создание двух государств для двух народов. То, что эти понятия несовместимы, ему и его помощникам явно не приходит в голову. А если оно произойдет, то Израиль должен сказать то, что хочет слышать мировое сообщество. У Байдена на горизонте выборы, и он не хочет расставаться с легкой и престижной должностью президента страны. Враги Байдена не дремлют и готовят ему весьма неприятный «сюрприз» — анализ деятельности семьи Байденов, коррупционные схемы и участие членов семьи Байденов во многих сделках.

«В каждом доме свои игрушки», а у Израиля свои проблемы и предстоящие испытания, напоминающие известный и вечный русский вопрос: «Кто виноват? Что делать?"

* * *

По состоянию на 1 декабря 2023 года ХАМАС предложил обменять 10 израильтян (7 женщин и 3 трупа) на 30 палестинских заключенных, отбывающих в израильских тюрьмах за различные преступления. Израиль отказался от такой сделки: «Сначала мы хотим получить всех живых заложников, а потом тела погибших). В ответ на это предложение ХАМАС нарушил режим прекращения огня, и рано утром в Сдероте и его окрестностях прозвучала сирена воздушной тревоги. На войне, как на войне. Израильская армия атаковала объекты ХАМАС по всему фронту.

Политологи и военные аналитики высказывают свои мысли о поведении ХАМАС в этой ситуации. Наиболее вероятная версия: ХАМАС не смог собрать необходимое количество живых заложников.

«Исламский джихад» и более мелкие террористические группировки не желают делиться захваченными заложниками с ХАМАС. В такой ситуации каждый сам за себя. Можно выторговать для себя какие-то выгоды в обмен на заложников. Жизнь, деньги и возможно свободу.

Катар продолжает переговоры с ХАМАС в надежде убедить последнего прекратить огонь и пойти на уступки. Израиль продолжает атаковать ХАМАС на всей территории Газы. Никто не знает, будет ли еще одно прекращение огня. Прекратит ли ХАМАС сопротивление и поднимет руки? Но этого недостаточно. ХАМАС и его товарищи-террористы должны передать всех живых израильских заложников, а затем и все тела погибших, чтобы их семьи могли похоронить их в соответствии с еврейскими обычаями.

Барух Даян Хаемет ברוך דיין חמת

* * *

2 декабря 2023 года о временном прекращении огня между Израилем и террористами ХАМАС уже забывают, но вновь по всему фронту гремят взрывы. ХАМАС, нарушивший хрупкое перемирие, посылает ракеты по югу Израиля. Он, в свою очередь, атакует север, центр и юг сектора Газа. Для Израиля приоритетными целями по-прежнему остаются: полное уничтожение военного и политического контроля ХАМАС, освобождение заложников и восстановление безопасности на подвергшихся нападению территориях. Для ХАМАС главной целью является уничтожение государства Израиль и его населения. В таком

радикальном противостоянии проигравший должен исчезнуть навсегда. Как исчезли ИГИЛ, Аль-Кайда, Исламское Государство и другие современные террористы.

Израиль воюет одновременно на нескольких фронтах. Помимо ХАМАСа в секторе Газа, его боевики терроризируют Иудею и Самарию, территории, находящиеся под юрисдикцией Палестинской автономии. Боевики ХАМАС есть в Ливане, Сирии и Ираке. Хезболла на юге Ливана, которая добровольно поддерживала прекращение огня в знак солидарности с террористами ХАМАС, возобновила обстрелы северного Израиля. Хуситы, прокси Ирана, на южной оконечности Аравийского полуострова обстреливают ракетами Эйлат и захватывают торговые суда в Красном море, утверждая, что они принадлежат израильтянам. Россия, Китай и Иран проводят совместные военно-морские учения в Оманском заливе.

Израиль претерпит глубокие изменения после окончания войны. Политические, военные, экономические и стратегические. Мир изменился радикально. Россия в Европе, Китай в Азии, Иран на Ближнем Востоке — все эти грозные противостояния в мировой политике требуют нового подхода и новой тактики в этом нестабильном мире. Никто не хочет третьей мировой войны, кроме джихадистов и других террористов. Особенно ядерной войны. Победителей не будет. Если произойдет мировой пожар, выжившие в зараженном, отравленном мире исчезнут от болезней и голода. ООН, мертворожденное творение в послевоенном мире, неспособно противостоять угрозам нашего столетия. Соединенные Штаты, главный бастион демократического мира, раздирают внутренние проблемы и беспрецедентный приток иммигрантов. Старая либеральная Европа уже заполнена иммигрантами с Востока и Африки.

Бежать сегодня просто некуда. Тем, кто верит во всемогущество высших сил, проще. Они верят в помощь, когда она станет необходима. Шесть миллионов евреев верили в загробную жизнь и помощь Всевышнего. Остальные должны попытаться спасти этот нестабильный мир.

> Ах, война, что ты сделала, подлая:
> Стали тихими наши дворы,
> Наши мальчики головы подняли –
> Повзрослели они до поры
> на пороге едва помаячили
> и ушли, за солдатом – солдат...
>
> Булат Окуджава

Израиль, окруженный со всех сторон врагами, проснулся от опьянения тишиной и эйфорией. 07.10.2023 поразило всех именно своей неожиданностью и явной неподготовленностью к опасностям новой войны. Страна проснулась в другом мире. Где есть мерзкие и коварные враги, и нельзя беззаботно танцевать на границе со своим соседом-монстром. Где все соседние государства не страдают желанием стать добрыми и мирными соседями, а просто желают, чтобы все евреи этой страны вернулись в страны своего происхождения или куда-то еще. Годы, казалось бы, мирного молчания, позволившие политикам делить большой пирог, бюджет страны, по принципам: ты мне, я тебе, закончились.

Власть – опьяняющий наркотик, который, однажды попробовав, требует продолжения. Власть – это большое казино с меченными картами, где победитель получает все, кроме уголовной ответственности.

Никто не ждал войны. Ни политические правители, ни высшее военное руководство, ни спецслужбы, ни ответственные за боевую и мобилизационную готовность воинских частей. При первых выстрелах на границу с сектором Газа были отправлены джипы с дежурной командой и желанием разобраться и навести порядок. Солдаты, даже не понимая, что происходит, попали под обстрел многочисленного, хорошо вооруженного противника, готового на любое убийство. Новый джип с новой командой был отправлен проверить, что там происходит. Они оказались в той же мясорубке.

На месте были убиты полицейские, вооруженные пистолетами. Точно так же, как сотрудники местных отрядов самообороны, у которых есть один автомат и, может быть, пара пистолетов. Несколько тысяч тяжеловооруженных террористов ворвались, сея смерть и ужас. Результатом резни первого дня стало более 1200 убитых в первые часы и более 250 похищенных. Кто-то должен нести за это ответственность.

В армию призвали 360 тысяч резервистов. Не хватало материальной, военной поддержки и обмундирования. Население бросилось собирать теплые носки, нижнее белье, продукты питания и все, что могло понадобиться солдатам на войне.

За это тоже кто-то должен нести ответственность.

Война войной, а обед по расписанию. Обувь для солдат должна быть подходящего размера. В противном случае солдат вскоре просто выйдет из строя. За это тоже кто-то должен нести ответственность.

Спасибо солдатам и командирам израильской армии. Они спасли эту страну.

Спасибо США, приславшим две флотилии и атомную подводную лодку. Это охладило тех, кто хотел «помочь» ХАМАС «окончательно решить еврейский вопрос».

Эта война закончится поражением ХАМАС. Кто следующий?

* * *

На очереди Хезболла в Ливане. Израиль сражался с «Хезболлой» во Второй ливанской войне в 2006 году. За 34 дня боев Израиль потерял убитыми 160 человек. По условиям соглашения о перемирии, "Хезболла" должна отойти к северу от реки Литания, а демаркационную границу займут 5 тысяч миротворцев и ливанские военные. Сегодня эти условия нарушены, и «Хезболла» находится на границе Ливана с Израилем.

«Хезболла» — шиитская группировка и доверенное лицо Ирана на Ближнем Востоке. Ее поведение полностью зависит от шиитского Ирана, спонсора суннитского ХАМАС. Религиозные различия не имеют значения в войне против общего врага – Израиля. На границе с Ливаном, где «Хезболла» оккупировала юг, Израиль держит в боевой готовности треть своей армии. Обстрелы Израиля не прекращаются, а он, в свою очередь, отвечает артиллерийским огнем и авиаударами по позициям Хезболлы, пытаясь подавить точки, с которых велся огонь. Ситуация ненормальная, но Израиль старается не усугублять ее еще больше. Израиль эвакуировал мирное население на севере страны, более чем в 10 км от границы с Ливаном. На вопрос, вступит ли «Хезболла» в войну, чтобы поддержать ХАМАС в его конфронтации с Израилем, военные эксперты высказали разные мнения. Лидеры ХАМАС считают себя брошенными и требуют более решительных действий. «Хезболла» заявила, что, когда Израиль пересечет «красную линию», они вступят в конфликт. Конечно, решение принимает Иран. Ливанские власти выступают против любых военных действий. Шиитская группировка, практически захватившая власть в Ливане, ждет указаний от Ирана. Последний отказался участвовать в конфликте, обвинив ХАМАС в поспешном и самостоятельном решении обостряющегося конфликта с Израилем. Иран не стремится к открытой конфронтации, в которой могут быть задействованы Соединенные Штаты.

Ситуация на границе Израиля с Ливаном нестабильна и любая стычка может перерасти в полномасштабный конфликт. «Хезболла» опасна своим ракетным потенциалом — более 150 тысяч ракет различной дальности и систем наведения. Министр обороны Израиля Йоав Галант предупредил «Хезболлу», что, если она вступит в военные действия, Израиль отправит Ливан в «каменный век».

Лидер «Хезболлы» Хасан Насралла пригрозил Израилю крупномасштабной войной. Любое серьезное столкновение могло привести к полномасштабной войне. Ближайшее будущее покажет, насколько неминуема опасность войны между Израилем и группировкой «Хезболла». Рано или поздно Израиль должен решить эту проблему. Агрессивный враг на северной границе страны, гораздо более опасный, чем ХАМАС на южной границе Израиля.

Война с ХАМАС, Хезболлой или любой другой джихадистской группировкой по сути является религиозной войной. Исламисты убеждены в превосходстве религии Ислам над всеми другими религиями и используют самые радикальные террористические жестокие методы для достижения своих целей. Исламисты находят поддержку среди самых бедных и наименее образованных слоев населения.

Радикальные исламисты выступают за возвращение к чистому исламу, существовавшему в первые века его существования. Они считают, что Ислам должен играть жизненно важную роль в реализации законов, предписанных Исламом. Исламизм – религиозное и политическое движение в исламе. Стремление привести общество к нравственным и религиозным основам правовой системы, следуя законам Корана. Требование к каждому человеку подчиниться шариату или умереть. ХАМАС (Движение исламского сопротивления) — палестинское отделение египетской террористической ячейки «Братья-мусульмане». Последний стремился устранить неисламские правительства и создать «Великий исламский халифат». Правительство Египта объявило «Братьев-мусульман» террористической партией.

Правительство Израиля поставило своей целью уничтожение политического и военного руководства ХАМАС. Никакие другие меры по установлению мира в секторе Газа не принесут результатов.

* * *

ХАМАС, Хезболла, Братья-мусульмане и другие группировки представляют фанатичный ислам. Исламские священнослужители занимаются подстрекательством в исламском мире, утверждая, что Мухаммед вознесся на небеса через Храмовую гору в Иерусалиме. Жена Мухаммеда высказалась о его восхождении на небеса через Храмовую гору: «Это был сон, а не настоящее событие».

Коран: «глава 7 стих 137)... сказано, что «Аллах завещает Эрец Исраэль еврейскому народу, ее восточную и западную части», исполняя тем самым обещание, данное евреям.

Корни ненависти к евреям в христианских странах лежат в учении христианской церкви, которая не хотела иметь конкурентов в борьбе за души верующих. Евреев называли убийцами Иисуса Христа, порождениями дьявола, виновными в ритуальных убийствах христианских младенцев. Корни ненависти к евреям в исламе связаны с нежеланием еврейских кланов признать Мухаммеда пророком.

Маймонид: «...В наказание за наши грехи Бог бросил нас на милость этого народа, народа Измаила (то есть мусульман), которые упорно преследуют нас, разрабатывают способы причинить нам вред и способы унизить нас... Ни одна нация никогда не причиняла Израилю большего вреда. Никто не хотел его так унижать. Никто не смог нас унизить так, как они... Мы терпели их стремление к нашей насильственной деградации, их ложь, их нелепости, выходящие за пределы человеческих возможностей... Несмотря на это, мы не избавлены от свирепости их злобы. в любое время. Наоборот, чем больше мы страдаем и пытаемся им уступить, тем более воинственными и агрессивными они становятся по отношению к нам».

Война Израиля с ХАМАС проходит по границам: цивилизация – варварство, гомофобия – толерантность, жестокость – милосердие, зло – добро, ненависть – сострадание, религиозная нетерпимость – религиозная толерантность, мультикультурализм – сегрегация, желание убивать – сострадание... Этот сериал может продолжаться бесконечно. Жестокие убийцы, ненавидящие все и вся, что связано с евреями. Насильники женщин, детей, мужчин – это то, что цивилизованный мир должен с отвращением отвергнуть. Извращенный мозг дикаря толкает исламистов на самоуничтожение во имя веры в своего бога, который встретит их на том свете и наградит каждого 72 невинными гуриями. Объяснить, что это просто красивая (смотря для кого), но сказка, бессмысленная и наивная. Слепой, ведущий глухого, – кровавая ирония судьбы. Евреи принесли в этот мир веру в единого Бога. Взамен они получили тысячи лет страданий, презрения, преследований, газовых камер и тысячи лет ненависти.

Так устроен наш мир. Цивилизация началась со строительства храмов для поклонения богам. Во имя Бога, пять тысяч лет спустя наш вид, гомо сапиенс (homo sapiens,) уничтожает друг друга.

* * *

Семьдесят шестой день войны Израиля против ХАМАС. Цивилизованный мир требует от Израиля прекращения огня. Мир обеспокоен заботой о гражданских лицах, пострадавших от военных действий. Никто не хочет, чтобы невинные люди умирали. Дети, женщины, старики, все те, кто не принимал участия в оргии убийств израильтян. Исламские государства могли бы решить эту проблему достаточно легко и просто. Дать убежище палестинским гражданам. По крайней мере, на какое-то время, пока идет война. Спасти своих братьев и сестер по вере от «ужасов израильской армии». Но по определенной причине все братья-исламисты отказываются предоставить убежище страдающим палестинцам. Ответ лежит на поверхности. Они уже попытались принять палестинцев.

ООП (Организация освобождения Палестины), возглавляемая Ясиром Арафатом, пыталась захватить власть в Иордании. Вооруженные силы Иордании вытеснили силы ООП со своей территории. К 1970 году в Ливане проживало около 400 000 палестинцев. ООП контролировала южную часть Ливана, изгоняя оттуда ливанское население. В 2008 году в Ливане вспыхнула гражданская война между христианами и палестинцами.

В 1983 году ООП, возглавляемая Ясиром Арафатом, вступила в конфликт с сирийским лидером Хафезом Асадом.

После негативных выступлений Ясира Арафата в адрес президента Египта Гамаль Абдель Насер изгнал многих членов ООП из Египта.

В 1993 году ООП официально объявила, что отказывается от желания уничтожить Израиль. ООП имеет статус наблюдателя при ООН. Есть мнения экспертов по Ближнему Востоку, которые утверждают, что ООП поддерживает терроризм. Террористические исламистские группировки "ХАМАС" и "Исламский джихад" находятся во враждебных отношениях с ООП, считая последнюю предателем и соглашателем с главным врагом ислама - государством Израиль.

Каждые 20 лет вырастает новое поколение, которое с молоком матери вбирает в себя наследие ненависти к Израилю. Стать мучеником и умереть, унеся с собой как можно больше жизней израильтян – мечта молодого поколения. Детей учат ненавидеть израильских «угнетателей». По традиции после теракта в Палестинской автономии раздают сладости. Родители шахида получают ежемесячную зарплату от администрации ООП. Джихад (священная война) – это битва с неверными, активная борьба за мусульманские ценности. Для радикальных исламистов это война мусульман против неверующих в ислам. Такова реальность отношений между израильтянами и палестинцами.

ПАЛЕСТИНЦЫ

Палестинцы — это этническая группа, населяющая Палестину и ее оккупированные территории, такие как сектор Газа и Западный берег. Палестинцы имеют национальную идентичность, а также разнообразные политические и религиозные убеждения. ХАМАС – одна из палестинских политических и исламистских организаций, которая борется за освобождение Палестины от т.н. израильской оккупации и создание на всей территории «от реки до моря» исламского государства.

В начале мая 2024 года война между государством Израиль и группировкой ХАМАС приняла позиционный характер на подступах к городу Рафах. Израиль оказался под беспрецедентным давлением со всех сторон. ХАМАС не желает освобождать заложников, понимая, что только это обстоятельство удерживает Израиль от тотального уничтожения группировки, запертой в Рафахе. США, ЕС, международное сообщество и арабские страны требуют, чтобы Израиль прекратил войну, ссылаясь на обеспокоенность страданиями палестинского гражданского населения.

Израиль перемещает население анклава в подготовленные палаточные города, где созданы необходимые условия для временного пребывания. Есть госпитали, запасы продовольствия, вода и т.д.

Ситуация в Израиле и секторе Газа напряженная. Рафах является стратегически важным пунктом, и потенциальное нападение на него может еще больше усилить напряженность. Давление США на Израиль является ключевым фактором в разрешении подобных конфликтов.

Студенческие беспорядки в США, инициированные сторонниками ХАМАС, еще больше усложняют эту ситуацию. Однако важно помнить, что внутренние протесты в США, как правило, не оказывают прямого влияния на политику внешней безопасности США, включая отношения с Израилем.

Мировое сообщество обычно выражает серьезную обеспокоенность применением силы в таких конфликтах и призывает к диалогу и мирному разрешению конфликта.

Проблема израильских заложников в руках таких группировок, как ХАМАС, представляет собой серьезную угрозу безопасности Израиля. Освобождение заложников — сложный процесс, который требует дипломатических усилий, включая переговоры, обмен пленными или даже специальные операции.

Израиль обычно добивается освобождения своих граждан, находящихся в плену, и готов принять различные меры для их освобождения. Это могут быть переговоры с посредниками, обмен пленными или специальные операции, направленные на освобождение заложников.

Однако решение этой проблемы может быть осложнено политическими соображениями и соображениями безопасности и требует тщательного балансирования между гуманитарными соображениями и опасностью для заложников.

Противостояние Израиля и ХАМАСа в борьбе за контроль над Рафахом может иметь несколько возможных исходов:

Военное наступление и захват Рафаха Израилем: Этот сценарий может привести к значительным жертвам с обеих сторон, а также к дальнейшей эскалации конфликта между Израилем и палестинцами. Это также может спровоцировать резкую реакцию международного сообщества и усилить критику Израиля.

Дипломатическое урегулирование : Вполне возможно, что стороны смогут достичь дипломатического соглашения, которое позволит избежать военной конфронтации и разрешить спор Рафаха мирным путем. Это может включать поиск окончательного решения конфликта со стороны других государств или международных организаций.

Временное перемирие или прекращение огня : стороны могут договориться о временном перемирии или прекращении огня, чтобы предотвратить эскалацию конфликта вокруг Рафаха. Это могло бы обеспечить временную паузу для дипломатических усилий и переговоров об освобождении заложников.

Не исключено, что конфликт вокруг Рафаха завершится без существенных изменений, оставив территорию под контролем одной из сторон или оставив ее в спорном статусе. Это может временно ослабить напряженность, но не решит основные проблемы конфликта.

Разрешение конфликта в Рафахе зависит от нескольких факторов, основным – это освобождение израильских заложников. Израиль играет ключевую роль в разрешении конфликта, поскольку он контролирует границу с сектором Газа и имеет военное присутствие в районе Рафаха. Решения и действия Израиля могут существенно повлиять на развитие ситуации.

ХАМАС и другие палестинские группировки ещё контролируют часть сектора Газа и имеют значительное влияние на жителей этого района. Решения и действия Хамаса также могут определить ход конфликта в Рафиахе.

Многие страны и международные организации заинтересованы в разрешении конфликта между Израилем и ХАМАС. Они могут предоставить дипломатическую поддержку, лекарства и ресурсы, чтобы помочь разрешить ситуацию в Рафахе.

Такие страны региона, как Египет, Катар, Турция и Саудовская Аравия, также могут повлиять на разрешение конфликта в Рафиахе посредством дипломатии, посредничества и финансовой поддержки.

В конечном счете, разрешение конфликта в Рафахе требует согласованных усилий всех вовлеченных сторон, включая Израиль, ХАМАС, международное сообщество и региональных игроков. Мусульманские странымогут сыграть ключевую роль в разрешении конфликта между Израилем и ХАМАС, поскольку они являются важными игроками в регионе и имеют влияние на различные стороны конфликта.

Катар часто выступает посредником и с финансовой поддержкой ХАМАС. Он может участвовать в дипломатических усилиях по достижению перемирия или мирного решения конфликта. Катар спонсор ХАМАС, что дает ему определенное влияние на группировку и может быть использовано как средство содействия мирному урегулированию.

Египет также играет ключевую роль, поскольку он имеет долгую историю посредничества в конфликтах между Израилем и палестинскими группировками, включая ХАМАС. Египет может помочь в организации переговоров и способствовать заключению перемирия. Египет также контролирует границу с сектором Газа и при необходимости может оказать давление на ХАМАС.

Турция в целом поддерживает палестинцев, включая ХАМАС. Она может оказать политическую и дипломатическую поддержку палестинской стороне и высказать свое мнение по поводу разрешения конфликта. Турция часто критикует Израиль за его действия. Она может использовать свое политическое и дипломатическое влияние на палестинскую сторону и содействовать разрешению конфликта.

Саудовская Аравия, хотя и является союзником США и не имеет дипломатических отношений с Израилем, также может сыграть роль в разрешении конфликта, выступая в качестве посредника или оказывая дипломатическую поддержку мирным усилиям.

Саудовская Аравия хоть и не имеет дипломатических отношений с Израилем, но частично координирует с ним вопросы безопасности, также выступает за права палестинцев. Ее влияние можно использовать для поддержки мирного процесса и разрешения конфликтов.

«Мир на Ближнем Востоке наступит, когда арабы будут любить своих детей больше, чем ненавидеть евреев».

Голда Меир.

* * *

07.10.2023, прорвав пограничные заграждения, вооруженные формирования ХАМАС, численностью более 2500 боевиков, вторглись на территорию Израиля, устроив резню на музыкальном фестивале, проходившем рядом с границей с сектором Газа, и в близлежащих населенных пунктах и военных объектах. Погибло более 1200 человек. Бандиты ХАМАС захватили более 250 заложников (данные уточняются по сей день), женщин, детей и пожилых людей. Правительство Израиля объявило войну террористам. Большинство арабских и мусульманских стран обвинили Израиль, заявив, что причиной конфликта является оккупация Израилем палестинских территорий.

В пятницу, 27 октября, на внеочередном заседании Генассамблея ООН приняла резолюцию по ситуации в секторе Газа. Документ призывает к «немедленному постоянному и устойчивому прекращению огня, ведущему к прекращению боевых действий».

ООН заменила Лигу Наций, организованную в 1920 году. Лига Наций была создана во время Первой мировой войны «для развития сотрудничества между народами и обеспечения мира и безопасности». Она прекратила свое существование в 1946 году из-за полной неспособности предотвратить Вторую мировую войну, принесшую огромные человеческие жертвы (50-80 миллионов человек).

ООН за 75 лет своего существования стала площадкой для осуждения Израиля. Организация, в которую входят 193 государства-члена ООН, не признала теракт ХАМАС в тексте резолюции по ситуации в секторе

Газа. Генеральный секретарь ООН Антониу Гутерреш раскритиковал бомбардировки сектора Газа и призвал к гуманитарному прекращению огня, освобождению заложников и помощи населению.

За период с 2015 по 2022 год Генеральная Ассамблея ООН приняла 140 резолюций с критикой Израиля.

Мир и спокойствие придут в этот мир, если Россия перестанет убивать людей на Украине.

Мир и спокойствие придут в этот мир, если Иран перестанет использовать своих прокси (доверенных, уполномоченных) для нападения на другие страны.

Мир и спокойствие придут в этот мир, если Северная Корея перестанет угрожать своим соседям ядерным оружием.

Мир и спокойствие придут в этот мир, если:

Южный Судан...

Демократическая Республика Конго...

Ирак...

Йемен...

Сомали...

Венесуэла...

Нигерия...

Южная Африка...

И другие страны станут нормальными, цивилизованными странами, где уважаются права других, а правительства озаботятся о благополучии населения.

Смогут ли потомки свирепых примитивных обезьян стать просто людьми?

ВЕРА

РЕЛИГИЯ

ИДЕОЛОГИЯ

НАЧАЛО

Современный исламский фундаментализм, направленный против образа жизни западного мира, является еще одним примером проявления идеологической сущности религии.

Антропогенез — часть биологической эволюции, приведшая к появлению Гомо сапиенс (Homo sapiens,)вид отделившийся от других гоминидов. Любой биологический вид проходит через формирование определенных мутаций, естественного отбора, связанного с борьбой за существование. Происхождение человека от обезьяны сегодня доказано наукой, но для религиозных, верующих сообществ, убежденных в божественном создании первого человека, по образу и подобию Божию, никакие научные доказательства не имеют значения.

Чарльз Дарвин в «Происхождении видов» выдвинул гипотезу о происхождении человека от обезьяны. Подавляющее большинство современных учёных считают, что наш вид гомо сапиенс (homo sapiens) развился, как и другие виды обезьян, в результате естественного отбора. Это борьба за выживание, когда выживают наиболее приспособленные к определенным географическим и природным условиям. Вид существует до тех пор, пока размножается его потомство. Механизм конкуренции за полового партнера заложен в лимбической системе нашего вида, что стимулировало избирательное спаривание и вызывало естественный отбор наиболее приспособленного потомства. Забота о потомстве существует почти у всех сохранившихся видов живых организмов.

Ученые рассказывают нам о самом первом общем представителе предков древних обезьян — архебах, живщем в Африке 55 миллионов лет назад. Биологический вид, наиболее близкий современному человеку, — это шимпанзе. Эволюция человека и шимпанзе разделилась около 7 миллионов лет назад. Наши предки жили в кронах высоких деревьев, питаясь корой, листьями и плодами деревьев, на которых они жили. Размножаясь в благоприятных условиях теплого климата, это были веселые, беззаботные создания, с размером мозга 400-500 граммов. Прошло время, и климатические изменения в природе изменили среду обитания. Деревья стали редкими и низкими, что заставило обезьян искать другой способ выживания. Они спускались на землю в поисках пищи, и им приходилось стоять на задних лапах, переходя от редких деревьев к другим деревьям в поисках еды. Освободившиеся передние лапы были приспособлены для поиска и удержания растений, ягод, фруктов и всего, что могло быть съедобным. В пищу дополнялись остатки мяса, брошенные хищниками. Употребление сырого мяса способствовало росту мозга. Обезьяны стали хищниками, охотящимися на других обитателей, чтобы убить и съесть. Из многочисленных видов человекообразных обезьян сохранился вид, который мы сегодня называем «Человек разумный» (лат. Homo sapiens).

Около двух миллионов лет назад вид Homo erectus (человек прямоходящий) начал мигрировать с африканского континента. Окружающая среда изменилась. Исчезли привычные места с обильной едой. В поисках питания им приходилось преодолевать большие расстояния.

Фауна Африки покидала континент в поисках пищи и лучших условий жизни. Среди них были представители нескольких видов первобытных людей на разных стадиях развития. Наука насчитывает более двадцати подобных видов. Сегодня мы знаем, что выжил один вид — гомо сапиенс (homo sapiens.) В Израиле были найдены останки представителей гомо смапиенс (homo sapiens лат.), мигрировавших из Африки 185 тысяч лет назад. Есть и более ранние датировки миграций.

Наш вид питался не только растительной пищей, но и охотился на представителей животного мира. Переход от растительной пищи к мясу позволил виду гомо сапиенс (homo sapiens) получить крупный мозг объёмом 1650 см^3. По непонятной нам до сих пор причине объём мозга нашего вида уменьшился с течением времени на 50 см^3 – 250 см^3. Мы не будем здесь разбирать причины, а попытаемся разобраться, как они питались. Учёные утверждают, что наши далекие предки были всеядными охотниками-собирателями. Чтобы поддерживать такой образ жизни, племенные общины преодолевали большие расстояния в поисках съедобной пищи: корней, плодов, листьев и зерен.

Охота и появление каменных орудий помогало добывать мясо животных и птиц. Жизнь на берегах морей и рек позволила разнообразить рацион рыбой и морепродуктами.

Когда наши далекие предки начали говорить? Живя сообществами, они непроизвольно общались друг с другом с помощью жестов и звуков. В каждом сообществе вырабатывались определенные звуки и жесты, понятные членам клана. Большой мозг запоминал повторяющиеся звуки, генерируя определенные образы, связанные с определенными звуками. Возникающая мысль, передаваемая жестом или звуком, создавала образ того, что пытался сказать член сообщества. Эта информация касалась опасности или возможности перемещения в сторону территории, где есть съедобные растения. Эта удивительная способность передавать звуком то, что становилось видимым образом, превратила первобытного человека в мыслящее существо. Это был гигантский шаг, сделавший человека хозяином земли. Пока что этот «хозяин» представил не очень впечатлительный имидж. Заросший густыми волосами, с палкой или камнем в руках он рылся в земле в поисках съедобных корнеплодов. Но он уже умел охотиться на крупных представителей животного мира, координируя свои действия с другими членами клана, создавая определенную стратегию нападения на выбранную цель. Убитая жертва становилась предметом торжества и гордости, которую испытывали охотники, принося добычу в лагерь. Остальные члены клана хвалили отважных охотников, которые делились добычей с членами клана. Рождались песни и танцы, отражавшие все перипетии охоты и убийства намеченной жертвы.

Если удачная охота приносила еду на определенный период времени, то неудачная могла закончиться смертью одного или нескольких членов рода. Тогда слышались печальные, горькие причитания и слезы прощания. Умерших хоронили в пещерах или других местах в соответствии с обрядами рода. Почитание умерших создавало представление о загадочном потустороннем мире, где умерший член рода жил после земной жизни.

Возникали ранние формы религиозных верований в загадочных божеств, населяющих загробный мир. Страх перед потусторонними силами и возможным влиянием могущественных божеств на повседневную жизнь каждого человека породил веру и поклонение этим неведомым силам.

Страх перед неизвестным, необходимость объяснять непонятные события породили мифы и веру в богов, объясняли события, происходящие в мире, в котором жили наши предки.

* * *

Религия-идеология – в предыдущих томах серии мы уже затрагивали эту тему. Что общего у этой пары?

По сути, эти понятия равнозначны. Наш вид, гомо сапиенс (homo sapiens,) создал религию. Это был неизбежный этап в истории развития человеческого мозга. Эволюция нашего вида происходила на протяжении миллионов лет. Просыпающееся сознание требовало объяснения происходящего вокруг и первые сообщества (стаи) первобытных людей старались держаться вместе небольшими группами. Эти сообщества, возглавляемые сильнейшим самцом стаи (сообщества), вырабатывали определенные принципы и правила, подчиняющие сообщество и объяснявшие происходящие вокруг него явления. Вера в богов была широко распространена среди первобытных народов. Предмет или образ поклонения, наделенный мистической силой, — это божество, ставшее священным, обладающее всепроникающей магической силой. Естественным шагом в поклонении могущественным силам, способным повлиять на жизнь любого существа, было поклонение умершим членам племенной семьи.

Тотемы сообщества были обожествленны и наделены сверхъестественными свойствами. Эти тотемы или божества требовали почитания, послушания, выполнения определенных ритуалов и поклонения мифологическим силам, которые могли влиять на жизнь и смерть. Тотемизм, первая форма религии первобытного сообщества, почитание избранного тотема как божества, способного защитить или, наоборот, наказать любого, кто нарушает установленные правила. Эта концепция основывалась на мифологических объяснениях происходящих природных явлений, а также рождения и смерти членов сообщества, которые могли влиять на благополучие сообщества посредством мифических сил.

Чувство беспомощности перед природными явлениями требовало объяснения этих явлений и возможности если не контролировать, то хотя бы попросить о помощи и прощении за невольно совершённый проступок перед тотемом, или случайное нарушение почитания тотема и табу (религиозный запрет). Обожествление сил природы и поклонение тотемам привели к созданию правил послушания и поклонения божествам, якобы управляющим силами природы через их представителей (тотемов). Нарушение табу (запрета) могло нанести вред всему сообществу, поэтому наказание было более суровым. Естественно, появились личности, выдававшие себя за посланников всемогущих сил и божеств.

Наряду с тотемизмом древнейшим видом религиозной веры был шаманизм. Исполняя различные ритуальные танцы, сопровождаемые ударами в бубны или другие резонирующие предметы, шаманы впадали в притворный или естественный экстаз. Очнувшись от экстаза, они рассказали доверчивым дикарям о посещении далеких миров и встрече с богами. Шаманы также занимались исцелением недугов, объясняя причины нарушениями правил почитания таинственных сил, которые можно исправить, заплатив определенную плату за ритуальные услуги.

В родовой иерархии шаман мог быть лидером или подчиненным ведущего вождя. Могло быть и наоборот, когда вождь склонял голову перед шаманом. Подобная иерархия сохранилась и в дальнейших формах религиозных общин.

Страх и беспомощность перед грозными явлениями природы потребовали поклонения и очеловечивания этих сил, ставших богами. Грозы, молнии, ливни, высокие горы, огромные камни или деревья, хищники, рыщущие в поисках пищи, вожак стаи (сообщества) – все это могло стать объектом поклонения и божеством.

Поклонение и надежда на снисхождение давали членам общины надежду на защиту и покровительство.

В своем развитии человеческие сообщества приобретали специфические знания о явлениях природы, которые могли заменить поклонение силам природы новыми религиозными представлениями об устройстве окружающего мира, верой во всемогущих богов нашего мира, совершенных и справедливых. Большой мозг человека породил (изобрел) веру в сверхъестественных богов, которые нужно почитать и угождать им. Все без исключения религиозные убеждения являются иллюзиями нашего сознания перед страхом наказания в настоящей или загробной жизни. В любой религии главное – вера, служение избранному божеству, страх перед загробной жизнью. Человеческий мозг создал воображаемый мир, ставший реальностью сознания вида гомо сапиенс (homo sapiens). Вера всегда воинственно реагирует на любую критику и нетерпима к сомнениям.

Все произошедшие благоприятные события или успешно решенные проблемы приписываются правильно проведенным ритуалам. Религия объясняет все происходящие катаклизмы и бедствия неверием, неправильными греховными действиями и помыслами. Религия требует от верующего выполнения определенных ритуалов, нарушение которых считается грехом. Особое место занимают служители религиозного культа. Их считают преданными и вдохновенными слугами богов, учителями, достигшими святости и высшего духовного состояния.

Идеология связана с процессами, происходящими в реальной жизни, а религия основана на загробной жизни и психологической подготовке человека к переходу в другое состояние. Идеологии, как и религии, являются инструментом, с помощью которого можно управлять огромными массами послушных людей, искренне верящих в религиозные (идеологические) догмы и обещания. Страх наказания в загробном мире – или, наоборот, благоприятное обещание, эффективный инструмент для зависимой психики, готовой любой ценой искупить грех или заслужить прощение.

* * *

Одним из первых религиозных верований стал политеизм, вера в многочисленных богов. Первобытный человек верил в различных духов, существующих в живой природе и материальных объектах. Политеизм предполагал иерархию различных божеств, оказывающих специфическое влияние на определенные области природы и общества. Во главе пантеона стоит верховный бог, часто бог Солнца. Мифология многобожия предлагает историю происхождения Вселенной и место человека в ней. Служители культа совершали различные ритуалы поклонения богам для получения благоприятного результата для молящихся.

Многочисленные политеистические религиозные системы существуют и сегодня. Буддизм, индуизм, даосизм, синтоизм, традиционные африканские религии и другие.

Монотеистическая религия, вера в единого Бога, потеснила политеизм, став самой могущественной религией в мире. Ученые считают зороастризм одной из первых моноистических верований, древней религией иранских народов. Ахура Мазда был верховным богом в зороастризме, который общался с пророком Заратустрой.

Еврейский народ считает, что он стал основателем монотеистической религии. Танах, Пятикнижие Моисея, Священное Писание вошли в христианскую Библию как Ветхий Завет. Христианская религия стала самой распространенной религией в мире.

Почти 700 лет спустя возникла еще одна авраамическая монотеистическая религия — ислам.

Крупнейшей религиозной общиной сегодня является христианство. Ее исповедуют 33% населения земного шара. Вторая мировая религия — ислам, за ним следуют около 23% населения.

* * *

Есть ли положительное влияние религии на развитие нашего вида? Без сомнения. На ранних стадиях развития нашего вида общие ритуалы и поклонение определенным вероучениям укрепляли сообщество, позволяя соблюдать принятые ритуалы и социальное поведение. Сообщество веры создавало моральные и этические нормы, поддерживавшие общепринятые правила, создававшие стабильность сообщества. Религиозная жизнь общины поддерживала психологическое благополучие, решая вопросы смысла жизни, справедливости, жизни и смерти. Пребывание в таком сообществе давало уверенность в безопасности.

На более поздних стадиях развития нашего вида религия создала традиции, давала определенное образование и возможность сохранения культурных ценностей. Наш вид обязан своим существованием религии, появлению первых храмов для богослужений и религиозных церемоний. Храмы стали центрами возникающих поселений. Они были построены для религиозных обрядов, церемоний, молитв и поклонения божествам. Храмы становились центрами общественной жизни общины, где проводились праздничные мероприятия, приносились жертвоприношения, служили местом общения с божествами для прощения и помощь.

Храмы становились все более величественными и

требовали архитектурного и художественного мастерства. Многие храмы стали грандиозными и знаковыми сооружениями. Храмам принадлежали земли, постройки, священные колодцы и каналы для орошения плодородных земель. Слуги храма назначали военачальников на случай войны и вели учет арендованных земельных участков. В храмах хранились ценные произведения искусства, религиозные артефакты и священные тексты.

Лидеры искали одобрения и укрепления своей позиции со стороны религиозных авторитетов. Это было взаимовыгодное сотрудничество. Религиозные лидеры помогали узаконить власть, получая взамен финансирование на строительство храмов, щедрые пожертвования и религиозную преданность.

Религиозность и вера в божественное происхождение человека сохранялась на протяжении тысячелетий. Долговечность религиозных ритуалов, текстов и традиций связана с потребностью человека в базовой вере в справедливость и возмездие если не в этом мире, то хотя бы в мире потустороннем. Религия давала верующим ответы на фундаментальные вопросы о происхождении, смысле жизни, моральных правилах и жизни после смерти. Религия формировала социальный порядок, этические нормы и моральные принципы.

Религия помогает справиться с потрясениями, страхами и дает утешение. Религиозные практики являются источником надежды и поддержки. Человек связан с религией с момента рождения и до момента смерти. В минуты слабости и в поисках ответов на важные вопросы жизни религиозный человек обращается к своему богу с мольбой о помощи. Религия учит, что Бог слышит все молитвы. Эта вера помогает пережить трудные минуты, так как надежда состоит в том, что человек будет услышан: «... и воздастся ему по вере его...». Современные люди сегодня обращаются к психологу за помощью со своими проблемами. Религиозный человек, обращаясь к своему богу, испытывает определенную духовную силу, поддержку и внутренний покой в результате общения с Богом. Хотя конкретного ответа нет, такое общение помогает укрепить веру в божественные планы и намерения. Положительное влияние религии на сознание человека осуществляется в обеспечении нравственных ориентиров и смысла жизни.

Без сомнения, религиозное влияние имеет и отрицательные стороны, начиная от религиозных конфликтов, дискриминации и ограничений свободы мысли. Влияние религии на гомо сапиенс зависит от конкретных религиозных убеждений, интерпретации и взаимодействия с социальными, культурными и личными обстоятельствами. Религиозный фанатизм может привести к экстремизму. Находясь в этом состоянии, люди в силу своих убеждений могут совершать насильственные действия, террористические акты и преследовать представителей других религий.

Такие нетерпимые религиозные учения, подавляя критическое мышление, требуют принятия устоявшихся догм без какого-либо критического анализа или вопросов. Формирование таких сообществ приводит к запрету любых сомнений в правильности декларируемых убеждений.

Некоторые религиозные учения поощряют дискриминацию по признаку пола, сексуальной ориентации, расы или других признаков. Религиозные учения могут вступать в противоречие с научными знаниями, что приводит к искажению образовательного процесса, особенно в сфере естественных наук.

Строгие религиозные учения могут вызвать у верующих чувство вины, страха или греховности. Влияние подобных религиозных учений может привести к необратимым психическим последствиям для верующих, особенно если это требует безусловного соблюдения догм и декларируемых истин. На более поздних этапах развития нашего вида религия создала традиции, определенное образование и помогало в сохранении культурных ценностей.

Наш вид обязан своим длительным существованием религии, появлению первых храмов для богослужений и религиозных церемоний. Храмы стали центрами возникающих поселений. Они были построены для религиозных обрядов, церемоний, молитв и поклонения божествам, для прощения и помощь.

Важно подчеркнуть, что религия также может оказывать положительное влияние на жизнь многих людей, предоставляя им моральное руководство, общность и смысл жизни. Влияние религии на сознание человека сильно варьируется и зависит от многих факторов, включая личный выбор и контекст.

Религиозные учения и идеологии могут способствовать или наоборот предотвращать военные конфликты. Религиозные убеждения всегда играли ключевую роль, в том числе в конфликтах в Европе, на Ближнем Востоке, в Южной Азии и других регионах. Религиозные лидеры и организации влияют на формирование мирных инициатив или разжигание конфликтов. Религиозные верования исторически играли значительную роль в формировании межгосударственных и внутригосударственных отношений, нередко становясь катализатором военных конфликтов. Различия в религиозных взглядах могут привести к глубоким разногласиям между народами, культурами и странами, вызывая столкновения, которые иногда перерастают в крупномасштабные войны. В то же время религия может служить мощным инструментом миростроительства и примирения.

История человечества полна примеров, когда причиной или существенной активизацией военных действий становились религиозные мотивы. Крестовые походы (1096–1291 гг.) — один из самых известных примеров, когда религиозные убеждения привели к серии военных кампаний христианской Европы против мусульман на Ближнем Востоке. В наше время религиозные войны в Европе, в том числе Тридцатилетняя война (1618–1648 гг.), также были вызваны религиозными разногласиями. Эти конфликты показывают, как религиозные убеждения могут мобилизовать массы, формировать союзы и приводить к смертельным столкновениям.

Сегодняшние войны связаные с религиозными или идеологическими мотивами, угрожают мировому порядку и существованию государств с многомиллионным населением. Все более изощрённые средства истребления людей по религиозным или идеологическим причинам угрожают взаимному уничтожению самого вида гомо сапиенс.

Религиозные учения и идеологии могут влиять на восприятие их приверженцами войны и мира. Например, понятие «священная война» присутствует в некоторых религиозных традициях и может быть истолковано как призыв к вооружённой борьбе с «нечестивыми противниками истинного божества». Однако многие религии также проповедуют мир и толерантность, подчёркивая необходимость мирного сосуществования и взаимопонимания. Различные интерпретации религиозных текстов и учений могут привести к противоположным взглядам на оправдание военных действий.

В современном мире религиозные убеждения продолжают влиять на военные конфликты. Например, противостояние Израиля и Палестины, конфликты в Ираке и Сирии, между Ираном и Израилем, напряженность между Индией и Пакистаном, имеют религиозную составляющую. Эти столкновения демонстрируют, как религиозные догмы и убеждения могут усугубить существующие геополитические и этнические разногласия.

Религиозные лидеры и организации играют двойственную роль в контексте военных конфликтов. С одной стороны, они могут призывать к миру и терпимости, используя свое влияние для снижения напряженности и посредничества в мирных переговорах. С другой стороны, некоторые религиозные лидеры могут подстрекать к насилию, используя религиозную риторику для оправдания военных действий и мобилизации своих последователей.

Межрелигиозный диалог и сотрудничество могут послужить мощным инструментом предотвращения конфликтов и укрепления мира. Примеры успешных инициатив, таких как мирные переговоры между религиозными группами в Ирландии и межконфессиональные встречи по снижению напряженности в Центральноафриканской Республике, показывают, что совместные усилия могут привести к устойчивому миру и взаимопониманию.

Религиозные конфликты в Индии между индуистами и мусульманами привели к разделу Индии и созданию Пакистана в 1947 году. Эта давняя религиозная напряженность могла привести к крупномасштабным геополитическим изменениям и долгосрочным конфликтам.

Современный конфликт в Сирии, где религиозные различия между суннитами, шиитами и другими группами усложнили военную конфронтацию, а внешние державы использовали религиозные различия для продвижения своих интересов. Религиозный экстремизм таких группировок, как «Исламское государство», повлиял на разжигание конфликтов. Роль религиозных организаций, таких как Ватикан и Организация исламского сотрудничества, может помочь международным усилиям по миростроительству и разрешению конфликтов. Есть примеры, когда эти и другие организации инициировали и поддерживали мирные переговоры и диалог между конфликтующими сторонами.

Современные СМИ и социальные сети влияют на восприятие и распространение религиозных убеждений, связанных с конфликтом, распространяя экстремистскую идеологию. Трудно переоценить важность серьезного понимания религиозных убеждений и межрелигиозного диалога для предотвращения конфликтов и построения устойчивого мира. Задача сегодняшнего дня – снизить религиозную напряженность и способствовать мирному сосуществованию. Религиозные убеждения оказывают глубокое влияние на военные конфликты, выступая катализаторами конфликтов.

РОССИЯ

Современная Россия является исторической наследницей прежних форм государственности IX века. Древнерусское государство возникло на землях восточнославянских племен, на торговом пути «из варяг в греки». Киевская Русь образовалась в IX в., объединив восточнославянские и финно-угорские племена под властью князей Рюриковичей. Киевское княжество осталось во владении русских князей. Основное население составляли крестьяне. Это население не имело никаких прав и часто становилось рабами за долги. Общий язык, древнерусский, восходит к праславянскому языку.

Князь Олег в 882 году захватил Киев, убив его правителей. Ему приписывают фразу: «Се, мать городов русского». Киев получил статус «общероссийской» столицы. Вторым городом считался Новгород на севере страны. К моменту монгольского нашествия в 13 веке Киевская Русь насчитывала более 300 городов.

Армия Древней Руси была наемной, большую часть которой составляли варяги. Дружины князей были разбросаны по огромной территории, практически не связанной друг с другом. Основную часть армии составляло ополчение. Плохо вооружённое и плохо обученное.

Монархия в России начала складываться в период Киевской Руси, но окончательно оформилась при Иване

III (1462-1505), который значительно расширил территорию государства и заложил основы централизованного государства. Его внук Иван IV (Иван Грозный) стал первым русским царем в 1547 году, что символизирует дальнейшее укрепление монархической власти. При нем была введена опричнина. Опричники — государевы люди, составлявшие личную охрану царя Ивана Васильевича. Образованное опричное войско выполняло охранные, разведывательные, следственные и карательные функции. Опричники отличались тем, что во время езды у них были привязаны собачьи головы на шее лошади и метла на кнуте. Тем самым символизируя укусы собак и веника, вычищающего все ненужное из страны. Опричина подчинялась лично царю, принося присягу на верность. Эта особая армия была создана для борьбы со шляхтой, в связи с подозрениями Ивана Грозного в предательстве шляхты в пользу польского короля. Пытки и казни сопровождали поход Грозного на Новгород и Псков, а жестокость, с которой опричники расправлялись с врагами государя, привела к тысячам смертей, голоду, болезням и чуме. Продолжались репрессии против людей, приближенных к царю и руководителей опричины. В Москве казнили осуждённых, палачи-опричники кололи, рубили, вешали и обливали кипятком осужденных. Царь принимал личное участие в казнях, а толпы олпричников встречали казни криками. Жены, дети и члены семей подвергались преследованиям. Иван Грозный придумывал особые способы мучений: раскаленные сковороды, печи, клещи, перетирание тела тонкими веревками и т. д.

Опричина существовала до смерти Ивана Грозного в 1584 году.

На протяжении всей своей истории Российское государство проводило активную экспансионистскую политику. Важные завоевания начались во времена Ивана III, который значительно расширил границы государства, включив большую часть Новгородской земли. Иван IV продолжил эту традицию, ведя длительные и кровопролитные войны за контроль над Казанским и Астраханским ханствами, что привело к расширению русских земель на восток. Позже, в эпоху Романовых, Россия значительно расширила свои границы за счет завоевания Сибири, а также войн в Европе и на Кавказе.

Положение крестьян в России значительно ухудшилось в XVI веке, когда было введено крепостное право. Это означало, что крестьяне были привязаны к земле и помещику, не имели права покидать землю без разрешения хозяина и практически становились рабами. Крепостное право было окончательно закреплено в «Соборном уложении» 1649 года. С этого момента и до отмены крепостного права в 1861 году положение крестьян оставалось очень тяжелым, с ограниченными правами и большими обязанностями.

После отмены крепостного права в 1861 году произошли значительные социально-экономические изменения, но монархическая власть сохранялась до начала 20 века. На российском престоле сменилось несколько династий, но особенно значительным было правление Романовых, начавшееся в 1613 году и продолжавшееся до 1917 года. В этот период Российская империя достигла пика своей территориальной экспансии и международного влияния, но накапливались внутренние проблемы и социальное недовольство. XVIII и XIX века ознаменовались активной внешней политикой и многочисленными войнами. Петр I (Петр Великий) провел реформы, модернизировав армию и флот, что позволило успешно провести Северную войну (1700-

1721) и получить выход к Балтийскому морю. Екатерина II (Екатерина Великая) продолжала экспансионистскую политику, значительно расширяя границы России на юге и западе, включая аннексию Крыма, части Польши и новых территорий на Кавказе. В XIX веке Россия продолжила территориальную экспансию в Средней Азии, на Кавказе и на Дальнем Востоке. Отмена крепостного права в 1861 году формально освободила крестьян от крепостной зависимости, но перед ними встали новые проблемы. Большая часть земли оставалась в руках помещиков, и крестьяне были вынуждены выкупать землю по завышенным ценам, что приводило к углублению их задолженности и зависимости. Экономические трудности в сочетании с ограниченностью политических свобод способствовали росту социального недовольства, что в конечном итоге привело к революционным событиям начала 20 века.

Накопившиеся социально-экономические противоречия и неудачи во внешней политике, в том числе поражение в Русско-японской войне (1904-1905) и последствия участия в Первой мировой войне, подорвали авторитет монархии. Февральская революция 1917 года свергла императора Николая II, положив конец более чем 300-летнему правлению Дома Романовых в России.

Революция создала временное правительство, которое попыталось управлять страной в условиях политической нестабильности и продолжающейся войны. Однако неспособность Временного правительства решить насущные социально-экономические проблемы, а также вывести страну из Первой мировой войны привела к росту популярности партии большевиков, обещавших мир, землю и хлеб.

Карл Маркс

от марксизма к коммунизму

Карл Маркс (1818-1883) – немецкий философ, родившийся в еврейской семье, экономист, политический теоретик, один из основоположников марксизма. Его теории капитализма и классовой борьбы оказали значительное влияние на развитие социалистических и коммунистических идей во всем мире. Марксизм предлагает критический анализ капитализма как экономической системы, в которой средства производства находятся в частной собственности, а труд рабочего класса эксплуатируется в интересах накопления капитала.

Теория коммунизма Маркса стремится создать общество, в котором нет классов, нет государства и собственность на средства производства является общественной. В таком обществе каждый человек вносит свой вклад в соответствии со своими способностями и получает в соответствии со своими потребностями. Основные положения его теории изложены в работах «Манифест Коммунистической партии» (совместно с Фридрихом Энгельсом) и «Капитал».

В «Манифесте Коммунистической партии», опубликованном в 1848 году, Маркс и Энгельс изложили основные принципы марксизма, включая идеи классовой борьбы, исторического материализма и необходимости пролетарской революции для создания коммунистического общества. «Капитал» анализирует капиталистическую систему, подчеркивая эксплуатацию рабочего класса и предсказывая его неизбежный крах из-за внутренних противоречий.

Маркс утверждал, что капитализм порождает глубокое социальное неравенство и что только радикальная трансформация экономической структуры общества посредством революции может привести к социалистической и, в конечном итоге, коммунистической системе. Это влечет за собой отмену частной собственности на средства производства и установление диктатуры пролетариата как переходного этапа к построению коммунистического общества.

Марксизм оказал огромное влияние на развитие политической мысли и практики XX века, вдохновив множество социалистических революций и движений по всему миру, в том числе революции в России, Северной Корее, Китае, Кубе, Венесуэле и других странах. Однако реализация идей Маркса в этих странах часто отходила от его первоначальных теорий, что приводило к созданию различных форм социализма.

Критики марксизма указывают на ряд предполагаемых ошибок и недостатков теории Карла Маркса. Однако важно отметить, что оценка этих «ошибок» может существенно различаться в зависимости от идеологических, экономических и философских взглядов. Ниже приведены некоторые аспекты, которые часто выделяются как основные недостатки или ошибки марксистской теории:

Маркс сосредоточил внимание на классовой борьбе и экономических структурах, в то время как критики утверждают, что индивидуальный выбор и инновации играют ключевую роль в экономическом развитии и социальном прогрессе.

Маркс предсказывал, что капитализм неизбежно

придет к собственной гибели из-за внутренних противоречий и обострения классовой борьбы. Однако капитализм продолжает существовать и адаптироваться, демонстрируя способность к реформам и инновациям.

Марксистскую теорию часто критикуют за чрезмерный акцент на экономических факторах как основных движущих силах истории и общества при сведении к минимуму роли культуры, идеологии и политики.

История XX века показала, что попытки реализации марксистских идей часто приводили к диктатуре, нарушениям прав человека и экономическим трудностям, что ставит под сомнение возможность создания идеального коммунистического общества без классов и государства.

Маркс предложил концепцию «диктатуры пролетариата» как переходного этапа к коммунизму. На практике это часто приводило к авторитарным режимам, которые утверждались властями от имени пролетариата, но на самом деле подавляли политическое многообразие и гражданские свободы.

Эта и другие критические замечания отражают сложность и противоречивость марксистской теории. Однако стоит отметить, что марксизм не является монолитной доктриной, и его интерпретации и адаптации значительно различаются. Многие последователи Маркса признают потенциальные недостатки его теории и предлагают различные пути их преодоления или модификации основных положений.

Продолжая анализ основных критических замечаний в адрес марксизма, можно рассмотреть следующие аспекты и развитие критической мысли по отношению к теории Маркса:

Маркс предсказал усиление эксплуатации и ухудшение условий жизни рабочего класса при капитализме, что должно было привести к его объединению и революции.

Однако во многих развитых странах уровень жизни рабочего класса значительно улучшился, а государство всеобщего благосостояния помогло смягчить некоторые из наиболее насущных проблем, предсказанных Марксом.

Реализация марксистских идей в Советском Союзе и других странах в форме централизованного планирования и государственного контроля над экономикой привела к неэффективности, товарному дефициту и подавлению экономической инициативы.

В оригинальных работах Маркса и Энгельса мало внимания уделяется проблемам окружающей среды и устойчивого развития, что является одним из ключевых вызовов современного мира.

Маркс представил видение будущего коммунистического общества, в котором вся социальная несправедливость и экономические проблемы будут устранены. Критики утверждают, что такое видение слишком утопично и не учитывает сложность человеческой природы и социальных отношений.

Маркс наметил общие контуры преобразования общества в направлении коммунизма, но дал мало подробностей о том, как именно этот переход должен быть осуществлен, что оставляет много вопросов о практической реализации его идей.

Важно понимать, что марксизм не является статической доктриной, и со временем многие мыслители разработали и модифицировали марксистскую теорию, пытаясь ответить на критику и адаптировать ее к меняющимся условиям. Например, неомарксизм исследует культурные и идеологические аспекты общества, а экомарксизм включает экологические соображения в анализ экономических систем. Эти и другие направления показывают гибкость и приспособляемость марксистской мысли к новым вызовам современности.

Продолжающееся размышление о критике и адаптации марксизма в современном мире приводит нас к следующим аспектам:

Современные социологические исследования показывают, что классовая структура общества гораздо сложнее, чем предполагает марксистская теория.

Существование среднего класса, профессионалов и технических специалистов, которые не вписываются в категории «буржуазия» или «пролетариат», поднимает вопросы о реальности классовой борьбы в ее классическом марксистском понимании.

Марксизм традиционно анализировал капитализм в рамках национального государства, однако современный мир характеризуется глобализацией экономики, международным движением капитала и трудовой миграцией. Эти процессы создают новые условия для классовой борьбы и эксплуатации, которые требуют обновленного теоретического подхода.

Развитие технологий и переход к информационной экономике меняют характер труда, создают новые формы производства и распределения, которые Маркс не мог предвидеть. Это поднимает вопросы о применимости марксистских идей к условиям постиндустриального общества.

Современные социальные движения часто сосредотачиваются на вопросах идентичности, пола, расы и этнической принадлежности, которые не были в центре внимания марксистской теории. Это подчеркивает необходимость интеграции этих аспектов в социально-экономический анализ.

Практическая реализация марксистских идей в XX веке во многих случаях привела к установлению авторитарных режимов, вызывавших критику как со стороны либералов, так и со стороны анархистов. Здесь возникает вопрос о соответствии марксистской теории и ее практических результатов.

Хотя некоторые из работ Маркса содержат семена экологической мысли, современный марксизм сталкивается с необходимостью интегрировать экологические проблемы в свой анализ, чтобы ответить на вызовы климатического кризиса и неустойчивой производственной практики.

Развивая дискуссию о марксизме и его критике, стоит подчеркнуть, как современные интерпретации и адаптации марксистской теории пытаются преодолеть эти недостатки и критику, а также ответить на новые глобальные вызовы.

Современные интерпретации и адаптации марксизма:

Культурный марксизм фокусируется на анализе культуры и идеологии, а не только экономических структур, подчеркивая роль гегемонии и культурных институтов в поддержании власти и неравенства.

Экомарксизм интегрирует экологические проблемы в марксистский анализ, критикуя капитализм за его роль в экологическом кризисе и исследуя пути к устойчивому социально-экономическому развитию.

Постмарксизм отходит от некоторых традиционных аспектов марксизма, таких как экономический детерминизм, и исследует новые формы социальных движений и идентичностей, которые не ограничиваются классовой борьбой.

Аналитический марксизм применяет методы аналитической философии для переосмысления марксистских концепций и теорий, стремясь сделать их более точными и обоснованными.

Современные марксисты признают необходимость более гибкого подхода к реализации социалистических и коммунистических идей, включая демократическое участие и разнообразие форм собственности и управления.

Человеческая природа и социализм: Вопреки аргументам о том, что коммунизм противоречит человеческой природе, современные теоретики указывают на историческую изменчивость человеческих социальных и экономических отношений и на потенциал создания условий, которые поддерживают более справедливые и равные отношения.

Экономический детерминизм и культурные факторы: Признавая ограничения строгого экономического детерминизма, марксизм XXI века включает более широкий анализ социальных, культурных и идеологических факторов, влияющих на социальные процессы.

Глобализация и международный капитализм: Современные марксисты активно анализируют глобализацию и ее влияние на мировую экономику, классовую структуру и международные отношения, исследуя новые формы международной солидарности и борьбы против глобализации.

Анализируя критику в развитии марксизма, можно выделить дополнительные аспекты, ставшие предметом обсуждения и реформирования в контексте современных вызовов и критики. Современный мир характеризуется глубокой глобализацией экономики, культуры и политики. Это создает новые условия для классовой борьбы и международной рабочей солидарности, которую Маркс видел в более ограниченном контексте XIX века. Современные марксисты исследуют, как глобализация влияет на эксплуатацию, неравенство и возможности международной трудовой солидарности.

Традиционный марксизм сосредоточил внимание на классовой борьбе и экономических отношениях, оставляя вопросы пола и сексуальности на периферии. Современные теоретики марксизма вносят свой вклад в развитие феминистского марксизма, который анализирует пересечение классового и гендерного неравенства, подчеркивая важность борьбы за гендерное равенство как часть более широкой социальной трансформации.

Глобальные экологические проблемы, такие как изменение климата и потеря биоразнообразия, экомарксизм предлагает переосмысление марксистской теории с учетом экологического аспекта. Экомарксисты критикуют капиталистическую систему за нерациональное использование природных ресурсов и эксплуатацию окружающей среды, утверждая, что только радикальное изменение производственных отношений может привести к экологически устойчивому обществу.

Технологические изменения и будущее труда. В условиях Четвертой промышленной революцией и растущей автоматизацией производства марксисты сталкиваются с вопросами о будущем труда, распределении доходов и роли технологий в экономике. Анализируя эти изменения, современные марксисты исследуют, как новые технологии могут способствовать освобождению труда или, наоборот, увеличению эксплуатации и неравенства.

Эти области исследований и критики показывают, что марксизм продолжает развиваться и адаптироваться к новым условиям и вызовам. Современные марксисты стремятся не только критиковать существующие социальные, экономические и политические структуры, но и ищут пути построения более справедливого и устойчивого общества, основанного на принципах солидарности, равенства и устойчивого развития.

Владимир Ленин

Владимир Ленин (1870-1924) — революционный деятель, политический теоретик, основатель Российской Советской Федеративной Социалистической Республики (РСФСР), позже преобразованной в Советский Союз. Ленин сыграл ключевую роль в Октябрьской революции 1917 года, приведшей к свержению Временного правительства и установлению Советской власти. Его действия и идеи оказали огромное влияние на развитие марксистской теории и практики социализма в XX веке.

Ленин адаптировал марксистскую теорию к условиям России, страны с относительно неразвитым капитализмом и слабым пролетариатом. Он разработал концепцию «партии нового типа» — вооруженного авангарда рабочего класса, который должен был возглавить революцию и установить «диктатуру пролетариата» в интересах строительства социализма и последующего перехода к коммунизму. Эта идея была изложена в его работе «Что делать?».

Ленин считал, что для успешного осуществления социалистической революции и построения социалистического общества необходимо преодолеть буржуазную государственность и заменить ее Советской властью, основанной на союзах рабочих, крестьян и солдат. Под его руководством большевики провели ряд радикальных экономических и социальных реформ, включая национализацию земли и промышленности.

Октябрьская революция, произошедшая 25 октября (7 ноября по новому стилю) 1917 года, привела к власти большевиков под руководством Владимира Ленина. Это событие положило начало гражданской войне, которая продолжалась до 1922 года и привела к установлению Советской власти на большей части территории бывшей Российской империи.

Создание Советского Союза в 1922 году стало реализацией идеи первого государства, построенного на марксистско-ленинских принципах. Во время своего правления Ленин столкнулся со многими проблемами, включая Гражданскую войну, иностранную интервенцию, экономические трудности и внутриполитическую борьбу. В ответ на экономические проблемы, вызванные политикой «военного коммунизма», Ленин ввел новую экономическую политику (НЭП), которая предусматривала частичное восстановление рыночных отношений и частной собственности в сельском хозяйстве.

Владимир Ленин оставил сложное наследие. С одной стороны, его почитали как основателя первого социалистического государства и вдохновителя коммунистических и антиколониальных движений во всем мире. С другой стороны, его методы политической борьбы, в том числе применение насилия и репрессий против оппонентов, до сих пор вызывают резкую критику и споры.

Ленинская интерпретация марксизма и его практическое воплощение в форме советского государства оказали глубокое влияние на мировую историю, особенно на развитие коммунистических и социалистических движений в XX веке. Опираясь на идеи Маркса и Энгельса, Ленин внес ключевые теоретические и практические идеи, повлиявшие на ход социалистических экспериментов во всем мире.

После смерти Ленина в 1924 году его идеи были дополнены и развиты в рамках ленинизма, ставшего официальной идеологией Советского Союза. Ленинизм подчеркивал важность революционной партии как авангарда рабочего класса, необходимость социалистической революции в странах с отсталым капитализмом и стратегию мировой революции.

В практическом плане ленинская модель предполагала централизованное экономическое планирование, строгий контроль над политической и социальной жизнью общества, проведение политики, направленной на разрушение старых буржуазных структур и создание основ социалистического общества. Однако эта модель также столкнулась с рядом критических замечаний и проблем:

Правление Ленина и последующих советских лидеров часто характеризовалось жестким политическим контролем, подавлением оппозиции и широкомасштабными репрессиями.

Централизованное планирование и управление экономикой привели к неэффективности, нехватке товаров и замедлению инноваций.

Идея диктатуры пролетариата привела к возникновению мощной бюрократической системы, которая, по мнению многих критиков, отошла от идеалов социализма и коммунизма.

Несмотря на противоречия и разногласия, наследие Ленина и его роль в создании первого социалистического государства продолжают оставаться предметом изучения и дискуссий среди историков, политологов и философов. Для многих он остается символом борьбы за социальную справедливость и радикальное преобразование общества, в то время как другие видят в его методах и последствиях его политики уроки о рисках авторитаризма и централизованного контроля.

В глобальном масштабе ленинизм вдохновил множество революционных движений и режимов в различных частях мира на протяжении XX века. Такие страны, как Северная Корея, Китай, Куба, Венесуэла, Вьетнам и многие другие, в разной степени полагались на ленинские принципы при проведении своих социалистических революций и построении своих государственных структур.

Это включало упор на руководство коммунистической партии, стремление к социализму посредством революции и применение диктатуры пролетариата как способа борьбы с буржуазными элементами и враждебными внешними силами.

Глобальное влияние ленинизма и его идей вызвало как восхищение, так и критику. В некоторых странах социалистические эксперименты привели к значительным социальным и экономическим достижениям, включая улучшение доступа к образованию, здравоохранению и общему уровню жизни. Однако во многих случаях эти эксперименты сопровождались также политическими репрессиями, ограничениями свобод и экономическими трудностями.

Критика ленинизма в его практической реализации часто фокусируется на централизованном руководстве, подавлении оппозиции, демократических принципов и свободу слова.

Централизованное планирование и отсутствие рыночных механизмов часто приводили к неэффективности, дефициту и медленному экономическому росту.

Во многих случаях попытки построения социалистического общества сопровождались массовыми репрессиями, нарушениями прав человека и созданием полицейских государств.

Наследие ленинизма в современном мире остается сложным и противоречивым. С одной стороны, его идеи продолжают вдохновлять левые и антикапиталистические движения, искренне борющиеся за социальную справедливость и равенство. С другой стороны, опыт XX века демонстрирует серьезные риски и опасности, связанные с авторитарным социализмом и попытками радикальной перестройки общества без учета демократических норм и прав человека.

Во многих странах бывшего советского блока произошло переосмысление и критический анализ советского наследия, что привело к отказу от ленинизма как государственной идеологии и переходу к различным формам демократического управления и рыночной экономики. Однако в некоторых странах, особенно в тех, где социалистические и коммунистические партии сохраняют власть, идеи Ленина и марксизма-ленинизма продолжают играть значительную роль в политической жизни и идеологии.

В современном мире идеи Ленина переосмысливаются в контексте новых социальных, экономических и политических вызовов. Некоторые левые и социалистические теоретики исследуют, как марксистско-ленинские принципы могут быть адаптированы к условиям глобализации, цифровой экономики и экологического кризиса, ища способы достижения более справедливого и устойчивого социального порядка.

Культурное и идеологическое наследие Ленина и ленинизма оставило глубокий след в искусстве, литературе, кино и образовании стран, где они доминировали. Хотя в некоторых случаях это наследие пересматривается или подвергается критике, его влияние на мировую историю и культуру остается неоспоримым.

Современные левые и антикапиталистические движения, хотя они и могут быть вдохновлены ленинской теорией, часто стремятся к более инклюзивным, демократическим и разнообразным формам социальной и экономической организации. Они критикуют не только капитализм, но и авторитарные тенденции внутри исторических социалистических и коммунистических движений, ища новые пути развития социализма в 21 веке.

Ленин, как создатель первого государства, основанного на марксистской идеологии, оставил сложное наследие, которое продолжает вызывать горячие споры и разнообразные интерпретации. Его вклад в развитие марксистской теории и практики социализма оказал глубокое влияние на мировую историю, а критический анализ его идей и действий дает важные уроки для современных социальных и политических движений.

После прихода к власти большевики проводили политику «военного коммунизма», которая включала реквизицию зерна у крестьян для снабжения армии и городского населения. Это вызвало недовольство крестьян и способствовало возникновению крестьянских восстаний. В 1921 году, после масштабного восстания в Тамбовской области и катастрофического голода, власти были вынуждены отказаться от политики военного коммунизма и ввести НЭП (новую экономическую политику), восстановившую частичное частное фермерство в сельском хозяйстве.

Октябрьская революция 1917 года оказала огромное влияние как на Россию, так и на мировое сообщество, приведя к ряду долгосрочных изменений в политической, экономической и социальной структуре многих стран.

Революция привела к свержению Временного правительства и установлению Советской власти, что положило конец монархии и начало строительства социалистического государства. Последовавшая за революцией Гражданская война привела к огромным человеческим жертвам, разрушению экономики и социальной структуры страны.

Новая экономическая политика (НЭП): Пытаясь восстановить экономику после Гражданской войны, власти ввели НЭП, который предусматривал частичное восстановление частной собственности и предпринимательства в сельском хозяйстве и некоторых отраслях промышленности. Смена экономической политики на курс индустриализации и коллективизации сельского хозяйства привела к коренным изменениям в экономической и социальной жизни страны.

Революция и последующие изменения способствовали расширению доступа к образованию, науке и культуре, а также развитию идеологически окрашенного искусства и литературы.

Октябрьская революция вдохновила коммунистические и социалистические движения по всему миру, особенно в Европе и Азии.

Создание СССР и идеологическое противостояние коммунистического блока с западными демократиями стали одним из главных факторов, приведших к началу «холодной войны». Советский Союз активно поддерживал движения за национальное освобождение в колониальных и зависимых странах, что способствовало процессу деколонизации после Второй мировой войны. Установление Советской власти в России и последующее образование СССР привели к переосмыслению международных отношений и баланса сил в мире. Гонка за развитием военно-промышленных комплексов и технологий, существенно повлиявшая на научно-технический прогресс во второй половине XX века.

Попытки разрешения глобальных конфликтов и предотвращения новых войн привели к созданию и укреплению таких международных организаций, как ООН, роль которой в послевоенном миропорядке стала особенно важной. СССР и его преемница Россия сыграли ключевую роль в разработке и реализации многих принципов международного права.

Соперничество коммунистического и капиталистического миров приводило к многочисленным случаям вмешательства во внутренние дела других стран, поддержке режимов или оппозиционных группировок в «горячих точках» холодной войны. Политика СССР в области экономической поддержки и сотрудничества с развивающимися странами способствовала формированию новых экономических связей и моделей развития, отличавшихся от западных подходов. Это также способствовало процессам глобализации и изменениям в мировой экономической структуре.

Холодная война сопровождалась интенсивным культурным обменом и пропагандистской войной, в которой обе стороны стремились продемонстрировать превосходство своей социально-экономической модели и идеологии. Это привело к значительному влиянию на культуру, искусство, науку и образование в глобальном масштабе.

Конкуренция в космической гонке и развитие новых военных технологий стимулировали исследования и инновации, результаты которых находят широкое применение в гражданских сферах, включая компьютерные технологии, телекоммуникации, медицину и транспорт.

Октябрьская революция и последующие события сыграли ключевую роль в формировании мировой истории XX века, определив геополитические, социальные и экономические тенденции, которые продолжают влиять на международные отношения и развитие мирового сообщества и по сей день.

Октябрьская революция не только кардинально изменила политический ландшафт России, но и стала маяком для многих движений за социальное и экономическое равенство во всем мире, оставив после себя наследие, которое продолжает вызывать споры и анализ.

После распада Советского Союза в 1991 году на его бывших территориях возникло множество независимых государств. Процессы, начатые Октябрьской революцией, во многом определили политические и экономические основы этих новых стран, их внешнеполитические ориентации и внутренние преобразования.

Октябрьская революция вдохновила создание и активизацию многих левых движений по всему миру, включая антиколониальную борьбу и борьбу за гражданские права. Это также повлияло на развитие таких идеологий, как марксизм-ленинизм, которые стали основой многих национально-освободительных движений.

Революция привела к экспериментированию с различными формами государственного управления экономикой, включая плановую экономику и коллективизацию. Эти идеи повлияли на экономические модели во многих странах, особенно в процессе поиска альтернатив капиталистической системе.

Советское искусство, литература и кино, а также образовательные и научные достижения, сложившиеся после революции, оказали значительное влияние на мировую культуру. Советский Союз способствовал распространению своих культурных и идеологических достижений, что привело к формированию определенного представления о социализме в различных частях мира.

Многие страны вдохновились примером СССР в вопросах социальной защиты, образования и здравоохранения, что привело к реформам в этих сферах. Попытки создания социалистических государств в различных частях мира были также мотивированы стремлением к социальной справедливости, вдохновленным ключевыми событиями XX века, которые не только преобразовали Россию, но и оказали глубокое влияние на глобальную политическую, экономическую и культурную жизнь. Последствия и уроки примера СССР продолжают обсуждаться и анализироваться во многих странах, подчеркивая сложность и многообразие его влияния на мировую историю.

Современное восприятие Октябрьской революции сильно различается в разных странах и культурах, отражая широкий спектр мнений от глубокого уважения и идеализации до критики и осуждения. Наследие революции продолжает влиять на политические дебаты, особенно в контексте дискуссий о социализме, капитализме и будущем социальной справедливости.

Октябрьская революция способствовала значительному расширению доступа к образованию и науке в России, заложив основу научных достижений, продемонстрированных Советским Союзом в XX веке. Это вдохновило многие страны на расширение образовательных программ и научных исследований.

Влияние Октябрьской революции на формирование мирового политического ландшафта XX века трудно переоценить. Оно спровоцировало образование многих социалистических и коммунистических государств, изменение мирового баланса сил и развитие международных отношений, основанных на новых принципах. Даже спустя более чем столетие после Октябрьской революции ее влияние ощущается во многих аспектах современной жизни, от политических идеологий до социальной политики и культурных обменов. Оно остается предметом исследований, дискуссий и размышлений, подчеркивая его важность как для понимания прошлого, так и для размышлений о будущем.

Таким образом, Октябрьская революция продолжает оставаться важным элементом глобальной исторической памяти, символизируя стремление к радикальным переменам и воплощая надежду и предупреждение для будущих поколений. Поскольку Октябрьская революция занимает такое важное место в истории XX века, ее наследие и влияние продолжают вызывать живой интерес спустя столетие после ее возникновения. Такой интерес объясняется не только исторической значимостью события, но и тем, как оно продолжает влиять на современные политические, экономические и социальные процессы в разных частях мира. Современные исследования Октябрьской революции зачастую приобретают мультидисциплинарный характер, сочетая исторический анализ с политологией, социологией, экономикой и культурологией. Это позволяет глубже понять, как революция повлияла на развитие государственных институтов, экономических систем, социальных структур и культурных практик.

В условиях глобализации история Октябрьской революции напоминает нам о важности понимания исторических корней современных международных отношений и глобальных политических процессов. Анализируя его последствия, исследователи могут лучше понять текущие проблемы и конфликты, связанные с идеологическими разногласиями, экономической нестабильностью и стремлением к социальной справедливости.

В образовательном контексте изучение Октябрьской революции способствует развитию критического мышления, позволяя учащимся анализировать сложные исторические процессы, понимать разные точки зрения, оценивать последствия исторических событий для современности. Это также дает возможность обсудить важные вопросы власти, социальной справедливости, экономического развития и международных отношений.

Культурное наследие Октябрьской революции по-прежнему заметно в литературе, искусстве, кино и других формах культурного самовыражения. Эти работы не только отражают исторические события и идеи того времени, но и продолжают вдохновлять современных художников и мыслителей на создание новых творческих произведений, затрагивающих актуальные социальные и политические проблемы.

Дискуссии о наследии Октябрьской революции и ее значении для современного мира продолжаются как в академических кругах, так и в общественном дискурсе. Эти дискуссии часто касаются вопросов о возможности и целесообразности применения идей революции в современных условиях, а также о том, какие уроки можно извлечь из опыта Советского Союза для решения текущих глобальных проблем. Особое внимание уделено анализу ошибок и достижений советской модели в сферах экономики, социальной политики, менеджмента и международных отношений.

Политические силы разной ориентации по-разному интерпретируют наследие Октябрьской революции, используя его для обоснования своих идеологических позиций и политических программ. Для одних оно остается символом борьбы за социальную справедливость и равенство, для других – предупреждением о рисках радикальных социальных экспериментов.

Изучение последствий Октябрьской революции для социального и экономического развития позволяет лучше понять взаимосвязь политических реформ и их долгосрочных социально-экономических последствий. Важным аспектом является анализ того, как революция повлияла на распределение доходов, доступ к образованию и здравоохранению, развитие науки и техники.

Октябрьская революция и последующее образование Советского Союза существенно повлияли на ход мировой истории, в том числе на процессы деколонизации, формирование блоков «холодной войны» и развитие международного права. Анализ этих аспектов помогает понять, как события 1917 года повлияли на международные отношения и мировую политику. Наследие Октябрьской революции также стимулирует этические и философские размышления о природе власти, роли государства в обществе, возможностях и пределах социальной инженерии, а также моральных дилеммах, связанных с революционным насилием и стремлением к социальной справедливости.

Октябрьская революция продолжает оставаться предметом активных исследований и дискуссий, предоставляя богатый материал для анализа в самых разных дисциплинах. Ее наследие оказало влияние на политическую мысль, общественные движения, культуру и искусство, продолжая вызывать интерес и споры среди исследователей, политиков и общественности во всем мире.

Это обширное наследие и продолжающееся влияние Октябрьской революции подчеркивают ее значение не только как исторического момента, но и как явления, которое продолжает влиять на современное общество и мировую политику. Оно остается живым предметом анализа, способствующим глубокому пониманию динамики социального прогресса, политической власти и человеческого стремления к справедливости и равенству. Это делает изучение Октябрьской революции неотъемлемой частью понимания как прошлого, так и настоящего, предлагая уроки и перспективы будущего развития человечества.

Иосиф Сталин

путь к вершине власти

Путь Иосифа Сталина к вершине власти в Советском Союзе был долгим и сложным: с первых лет его участия в революционном движении до его прихода к абсолютной власти после смерти Владимира Ленина в 1924 году. Сталин был фигурой, чья политическая карьера базировалась на определенной тактике: хитрость, политические интриги и беспощадная борьба за власть, что в конечном итоге позволило ему захватить абсолютную власть в СССР и оставаться у власти до своей смерти в 1953 году.

Родившийся в 1878 году в Грузии в бедной семье Сталин (настоящее имя Иосиф Джугашвили) с ранних лет проявлял интерес к революционной деятельности. Его путь к власти начался с учебы в духовной семинарии в Тифлисе, где он познакомился с марксистскими идеями. Вскоре он покинул семинарию и целиком посвятил себя революционной деятельности, вступив в Российскую социал-демократическую рабочую партию (РСДРП).

В ходе революций 1905 и 1917 годов Сталин играл активную роль, хотя и не был такой заметной фигурой, как некоторые другие революционеры. После

Октябрьской революции он получил ряд важных постов в новом советском правительстве, в том числе должность наркома по делам национальностей, что дало ему возможность заручиться поддержкой многочисленных национальностей СССР. После смерти Ленина в 1924 году внутри партии началась борьба за власть между Сталиным и его противниками, включая Льва Троцкого, Льва Каменева и Григория Зиновьева. Сталин использовал свое положение генерального секретаря партии для назначения своих сторонников на ключевые посты, тем самым консолидируя свою власть. Он также умело манипулировал разногласиями между своими соперниками, в конечном итоге отстранив их от власти.

К концу 1920-х годов Сталин фактически зарекомендовал себя как бесспорный лидер Советского Союза. Он инициировал серию политических репрессий, известных как Большой террор, направленных на устранение любой оппозиции его правлению, включая старых революционеров и партийных чиновников, а также многих простых граждан. Эти действия укрепили его власть, но также привели к массовым репрессиям и страданиям населения СССР.

Путь Сталина к вершине власти был отмечен его способностью к политическим интригам, беспощадной борьбе с противниками и стремлением к абсолютной власти. Его правление оказало глубокое влияние на историю СССР и мировую историю, оставив после себя противоречивое наследие, которое до сих пор вызывает жаркие споры среди историков и политологов.

Установив свою власть, Сталин приступил к реализации амбициозных программ экономического и социального развития Советского Союза, имевших далеко идущие последствия как для страны, так и для мира.

Одной из ключевых инициатив Сталина была насильственная коллективизация сельского хозяйства, направленная на ускорение процесса индустриализации за счет сельскохозяйственного производства. Этот процесс привел к повсеместному голоду, наиболее известным из которых стал украинский Голодомор (1932–1933 гг.), в результате которого погибли миллионы людей. Коллективизация также вызвала широкое недовольство среди крестьянства и привела к значительному снижению производительности сельского хозяйства.

Параллельно с коллективизацией Сталин запустил серию пятилетних планов, направленных на индустриализацию СССР. Эти планы были сосредоточены на развитии тяжелой промышленности и оборонного сектора, что позволило Советскому Союзу значительно увеличить свой промышленный потенциал и подготовиться к предстоящим вызовам Второй мировой войны.

Внутренняя политика Сталина характеризовалась продолжением и расширением политических репрессий, начатых в конце 1920-х годов. Большой террор достиг своего апогея в конце 1930-х годов, когда сотни тысяч людей, в том числе высокопоставленных военачальников, партийных лидеров и простых граждан, были арестованы, преданы суду и казнены. Эти репрессии создали атмосферу страха и подозрительности, которая пронизала все слои советского общества.

На международной арене Сталин стремился обезопасить Советский Союз от внешних угроз и расширить влияние коммунизма. В 1939 году СССР и Германия подписали пакт Молотова-Риббентропа, который предусматривал ненападение между двумя странами и раздел сфер влияния в Восточной Европе. Однако в 1941 году Германия нарушила пакт, напав на Советский Союз, что привело к вступлению СССР во Вторую мировую войну на стороне союзников.

Военные успехи Советского Союза во Второй мировой войне, в том числе победа в Сталинградской битве и взятие Берлина, значительно укрепили международное положение страны и лично Сталина как одного из ведущих мировых лидеров. После войны Сталин сыграл ключевую роль в создании и расширении сферы влияния Советского Союза в Восточной Европе, что заложило основу холодной войны между СССР и Западом.

Наследие Сталина остается предметом интенсивных дискуссий. С одной стороны, его правление связано с индустриализацией, победой во Второй мировой войне и превращением СССР в сверхдержаву. С другой стороны, оно было омрачено массовыми репрессиями, голодом, политическими чистками и созданием тоталитарного режима, последствия которого ощущаются до сих пор.

После смерти Сталина в 1953 году Советский Союз вступил в новую эпоху, которая была отмечена попытками сохранить его наследие и одновременно провести реформы и отойти от некоторых аспектов его правления.

После Сталина к власти пришел Никита Хрущев и инициировал процесс десталинизации, который достиг своего апогея в его «секретной речи» на XX съезде КПСС в 1956 году. В этой речи Хрущев подверг критике культ личности Сталина и проводимые репрессии, что стало сигналом к ослаблению репрессивного аппарата и реабилитации многих жертв сталинских чисток. Этот период в истории СССР часто называют «оттепелью» из-за относительного ослабления политического контроля и цензуры, а также увеличения культурного и научного обмена с Западом.

На международном уровне смерть Сталина привела к изменениям в холодной войне между Советским Союзом и Западом. Хотя напряженность и конкуренция сохранялись, начались периоды диалога и разрядки, поскольку обе стороны стремились снизить риск ядерного конфликта. Внешняя политика Сталина, основанная на расширении и поддержке коммунистических движений по всему миру, была пересмотрена в пользу более умеренного и стратегического подхода к расширению влияния Советского Союза.

После смерти Сталина попытки реформирования начались и в экономике СССР. Были предприняты шаги для смягчения некоторых наиболее жестких аспектов сталинской экономической политики, в том числе частичного разрешения частной инициативы в сельском хозяйстве и уменьшения акцента на тяжелую промышленность в пользу потребительских товаров и услуг. Однако, несмотря на эти реформы, многие структурные проблемы советской экономики, заложенные во времена Сталина, остались нерешенными. Продолжающаяся централизация, неэффективность и отсутствие стимулов к инновациям в конечном итоге привели к стагнации, которая характеризовала последующие десятилетия советской истории.

Наследие Сталина продолжает вызывать глубокие споры в современной России. Для одних он остается символом величия страны, победы в Великой Отечественной войне и индустриализации, а для других ассоциируется с репрессиями, террором и массовыми жертвами. Вопросы оценки и интерпретации сталинского периода остаются предметом политических и исторических дискуссий, отражающих сложность и противоречивость этого деятеля в истории России и мира.

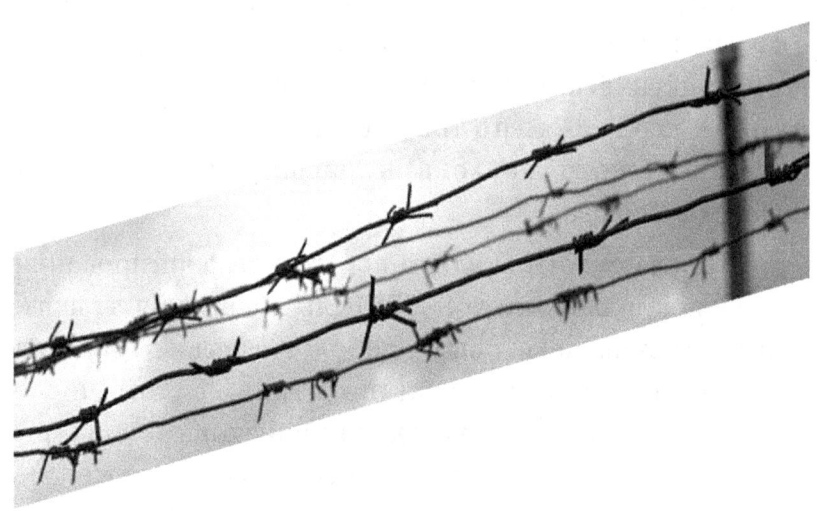

ОТ ЧК до ФСБ

Органы государственной безопасности сыграли ключевую роль в истории Советской России и Российской Федерации, оказывая поддержку существующему режиму посредством разведки, контрразведки, внутренней безопасности и политических репрессий. Эти органы претерпели несколько переименований и реорганизаций в течение 20-го и начала 21-го веков, отражая изменения в политической структуре и приоритетах государства. Ниже приводится краткий обзор роли и эволюции этих структур.

ВЧК (ВЧК) — Всероссийская чрезвычайная комиссия.

Созданная в декабре 1917 года сразу после Октябрьской революции ЧК под руководством Феликса Дзержинского стала первым советским органом государственной безопасности. ЧК боролась с контрреволюцией, саботажем и спекуляцией, часто прибегая к жестоким методам, включая массовые аресты, казни и создание системы концентрационных лагерей.

ГПУ — Государственное политическое управление

В 1922 году ВЧК была преобразована в ГПУ (Государственное политическое управление) при НКВД (Народный Комиссариат Внутренних Дел) РСФСР. НКВД продолжало функции ЧК, но с более широкими полномочиями и структурой.

ОГПУ - Обединённое Государственное Политическое Управление

В 1923 году ГПУ было преобразовано в ОГПУ, которое в 1934 году вошло в состав НКВД СССР. ОГПУ отвечало за внутреннюю и внешнюю безопасность, играя ключевую роль в организации массовых политических репрессий.

НКВД — Народный Комиссариат Внутренних Дел.

В 1934 году ОГПУ было включено в структуру НКВД, ставшего одним из самых влиятельных органов в СССР, отвечающих за государственную безопасность, внутренние дела и управление лагерями ГУЛАГа. Под руководством Николая Ежова и Лаврентия Берии НКВД провело массовые политические репрессии, известные как «ежовщина».

После смерти Сталина и реорганизации государственных структур НКВД было разделено, и в 1946 году было создано МГБ (Министерство Государственной Безопасности), которое занималось вопросами государственной безопасности, а другие функции НКВД были переданы новым министерствам.

В 1954 году МГБ было преобразовано в КГБ (Комитет Государственной Безопасности), который стал одной из самых известных и влиятельных разведывательных и контрразведывательных служб в мире. КГБ занимался множеством задач: от борьбы с политическим инакомыслием внутри страны до шпионажа и операций влияния за рубежом. После распада Советского Союза в 1991 году КГБ был разделен на несколько отдельных ведомств. В 1995 году была создана ФСБ (Федеральная Служба Безопасности) как главное ведомство, отвечающее за внутреннюю безопасность России, контрразведку и борьбу с терроризмом. ФСБ является преемницей КГБ и играет ключевую роль в обеспечении национальной безопасности современной России.

Все эти организации способствовали становлению и поддержанию советского режима, используя разнообразные методы борьбы с реальными и мнимыми угрозами внутренней и внешней безопасности. Их деятельность оказала значительное влияние на историю Советского Союза и современной России, вызвав споры и дискуссии относительно их роли в общественной жизни и политике.

Влияние органов государственной безопасности на общество и политику в Советском Союзе и постсоветской России можно разделить на несколько ключевых аспектов, отражающих их роль в сохранении власти, формировании внешней политики и влиянии на общественное мнение.

Органы государственной безопасности были инструментом в руках советского правительства для сохранения контроля над страной. Они осуществляли политические репрессии против реальных и мнимых противников режима, в том числе политических диссидентов, «врагов народа», религиозных деятелей и национальных меньшинств. Эти действия включали аресты, допросы, пытки, депортации и казни. Система ГУЛАГа стала одним из самых зловещих символов репрессивного аппарата, в котором миллионы людей содержались в лагерях и подвергались чрезвычайно жестоким условиям труда и жизни.

На международном уровне КГБ и его предшественники вели активную разведывательную деятельность с целью сбора разведывательной информации, проведения операций влияния и поддержки прокоммунистических движений и режимов по всему миру. Во время холодной войны агенты КГБ сражались с западными спецслужбами в сложных шпионских и контрразведывательных операциях. Эти действия сыграли значительную роль в советской внешней политике и стратегии глобального доминирования.

Влияние на общественное мнение и культуру

Органы государственной безопасности также активно контролировали средства массовой информации, литературу, искусство и науку, стремясь предотвратить распространение «идеологически вредных» взглядов и идей. Через цензуру, пропаганду и мониторинг общественного мнения они влияли на формирование лояльности к советской власти и коммунистической идеологии. Это влияние распространялось на все стороны культурной жизни, от кино и театра до литературы и образования.

После распада Советского Союза ФСБ стала ключевым органом государственной безопасности в Российской Федерации, унаследовав многие функции и методы КГБ. ФСБ играет центральную роль в обеспечении внутренней безопасности, борьбе с терроризмом и экстремизмом, проведении контрразведывательных операций. При этом он также занимается защитой государственной тайны, кибербезопасностью и контролем за соблюдением законодательства в сфере информационных технологий и связи. ФСБ активно участвует в формировании внешнеполитической стратегии России, в том числе посредством разведывательной деятельности и поддержки российских интересов за рубежом.

Одним из приоритетных направлений деятельности ФСБ в постсоветский период стала борьба с терроризмом, особенно после серии терактов в России в конце 1990-х — начале 2000-х годов. ФСБ проводит операции по предотвращению террористических актов, ликвидации террористических группировок и сетей, расследованию террористических преступлений.

В эпоху глобализации и развития цифровых технологий ФСБ уделяет особое внимание вопросам информационной безопасности, в том числе защите государственных информационных ресурсов, борьбе с киберпреступностью и контролю за распространением в сети Интернет информации, которая может представлять угрозу для Национальной безопасности.

ФСБ также играет значительную роль во внутренней политике России, обеспечивая стабильность и поддержку действующему правительству. Сюда входят меры по предотвращению и пресечению политического экстремизма, мониторинг деятельности оппозиционных групп и организаций, участие в антикоррупционных мероприятиях.

На международной арене ФСБ продолжает традиции советской внешней разведки, собирая важную для национальной безопасности России информацию и взаимодействуя с зарубежными партнерами по вопросам борьбы с международным терроризмом, наркотрафиком и другими транснациональными угрозами.

Деятельность ФСБ, как и ее предшественников, вызывает неоднозначную реакцию как внутри страны, так и на международном уровне. Правозащитные организации и международные наблюдатели выразили обеспокоенность по поводу обвинений в нарушениях прав человека, злоупотреблении властью и использовании ФСБ для политических репрессий против оппозиции и критиков правительства.

Органы государственной безопасности Советского Союза и Российской Федерации играли и продолжают играть ключевую роль в поддержании государственного строя, обеспечении внешней и внутренней безопасности страны. Однако их деятельность часто сопровождается разногласиями и критикой со стороны общественности и международного сообщества по поводу их практики, включая обвинения в нарушениях прав человека, злоупотреблениях властью и политически мотивированных репрессиях.

Влияние ФСБ и ее предшественников на российское общество глубоко и многогранно. С одной стороны, эти структуры помогают обеспечить безопасность граждан, защиту от террористических угроз и кибератак. С другой стороны, действия этих органов вызывают опасения по поводу ограничения гражданских свобод и прав, усиления государственного контроля над личной жизнью и сдерживания политической активности.

На политическом уровне ФСБ и ее предшественники существенно влияют на внутреннюю и внешнюю политику России. Во внутренней политике они участвуют в формировании стратегий национальной безопасности, борьбе с экстремизмом и радикализмом, а также в антикоррупционных кампаниях. В международной политике деятельность ФСБ направлена на защиту государственных интересов России, сотрудничество с иностранными спецслужбами в борьбе с глобальными угрозами и разведывательное обеспечение внешней политики России.

На международном уровне деятельность ФСБ и ее предшественников рассматривается через призму глобальной безопасности и сотрудничества в борьбе с международным терроризмом. При этом иностранные правительства и международные организации внимательно следят за действиями ФСБ в контексте обеспечения прав человека и соблюдения международных стандартов.

Роль ФСБ и ее предшественников в истории Советской России и постсоветской Российской Федерации является предметом оживленных дискуссий и исследований. Эти органы безопасности оставались и продолжают оставаться одними из самых мощных инструментов государственного управления и контроля, способствуя стабильности и безопасности страны, но также поднимая вопросы о балансе между безопасностью и свободой, властью и ответственностью перед обществом.

На XX съезде КПСС Генеральный секретарь ЦК КПСС Никита Хрущев впервые открыто (для делегатов съезда) привел ужасающие факты геноцида собственного народа И.В. Сталина в СССР. В концентрационных лагерях, подчиненных КГБ, уничтожались несогласные с властями люди. Порой использовались необоснованные обвинения, пытки и казни миллионов заключенных. КГБ использовался как инструмент власти для беспощадной борьбы с населением. На XX съезде КПСС, состоявшемся в феврале 1956 года, Никита Хрущев фактически произнес историческую речь, известную как «секретный доклад», официально озаглавленный «О культе личности и его последствиях». В этом докладе Хрущев раскритиковал культ личности Иосифа Сталина и раскрыл ряд его преступлений против советского народа и партии. Это выступление стало важным моментом в истории Советского Союза, поскольку впервые репрессии, проводившиеся при Сталине, были осуждены на столь высоком уровне.

Хрущев обвинил Сталина в массовых репрессиях, которые привели к арестам, пыткам, казням и ссылкам миллионов людей, многие из которых были невиновны. Он упомянул необоснованные обвинения, сфабрикованные судебные процессы и культуру страха и подозрительности, которую Сталин создал внутри страны и внутри Коммунистической партии.

КГБ (Комитет государственной безопасности), преемник НКВД и других репрессивных органов, действительно использовался как инструмент для подавления политического инакомыслия и контроля над населением во времена Сталина и после него. Репрессии затронули широкие слои населения: от высокопоставленных партийных функционеров до простых граждан.

Доклад Хрущева вызвал шок среди делегатов съезда и имел долгосрочные последствия как внутри страны, так и за рубежом. Это ознаменовало начало процесса десталинизации, направленного на осуждение преступлений Сталина и отход от некоторых его методов управления. Однако полный разрыв с репрессивной практикой произошел не сразу, и многие аспекты советской политической системы остались неизменными.

Этот период истории СССР до сих пор вызывает множество споров и дискуссий среди историков, политиков и общественности, подчеркивающих сложность оценки исторических личностей и событий.

Доклад Хрущева на XX съезде КПСС стал

катализатором многих изменений в Советском Союзе и внешней политике, а также повлиял на восприятие СССР в мире. Реакция на отчет была неоднозначной и повлекла за собой широкий спектр последствий:

Процесс десталинизации включал в себя развенчание культа личности Сталина, переименование городов и мест, связанных с его именем, принижение его роли в истории СССР. Началась реабилитация многих жертв сталинских репрессий. Тысячи политзаключенных были освобождены из лагерей, многим посмертно восстановлены имена. Хрущев пытался реформировать управление страной и Коммунистической партией, добиваясь большего коллективного руководства и сокращения бюрократии.

Доклад углубил разногласия между Советским Союзом и Китаем, привёл к расколу мирового коммунистического движения и сыграл значительную роль в Холодной войне. Раскрытие преступлений Сталина помогло некоторым западным странам вступить в диалог с СССР, что привело к временному ослаблению напряженности во время холодной войны.

В советском обществе доклад вызвал широкую дискуссию и переосмысление советской истории, хотя эти дискуссии часто проводились за закрытыми дверями из-за ограничений свободы слова. Разоблачение сталинских репрессий также вдохновило диссидентское движение в СССР, которое требовало более глубоких реформ и свобод.

Хотя доклад Хрущева стал важным шагом в признании и осуждении преступлений Сталина, многие критики отмечают, что он не зашёл достаточно далеко в демократизации страны и реформировании политической системы. Более того, после отставки Хрущева в 1964 году многие его инициативы были отменены или замедлены его преемниками, что показывает сложность и противоречивость процесса десталинизации.

Процесс, инициированный докладом Хрущева XX съезду КПСС, оказал глубокое влияние на последующие поколения в Советском Союзе и за его пределами, оказав влияние на политический ландшафт, культурное восприятие и историческую науку. Хотя реформы Хрущева были противоречивыми и не всегда последовательными, они заложили основу для более открытого обсуждения политических и социальных проблем в СССР. Это включало ограниченную критику внутрипартийной бюрократии и попытки реформировать экономическую политику.

Доклад способствовал «оттепели» в советской культуре, когда было разрешено более широкое обсуждение исторических и социальных проблем, а также появлению произведений, ранее запрещенных цензурой. Это время стало периодом возрождения для многих областей искусства и литературы.

Несмотря на временное ослабление напряженности между СССР и Западом, раскол между Советским Союзом и Китаем усилил идеологическое противостояние внутри коммунистического блока, что имело долгосрочные последствия для мировой политики. Доклад изменил мировое восприятие социализма и коммунизма, вызвав дебаты о природе и развитии социалистических государств, а также о моральных и этических аспектах использования власти в целях социальной инженерии.

Доклад Хрущева и последующие архивные открытия стимулировали новые исследования периода правления Сталина, включая анализ причин и последствий массовых репрессий. Введение новых фактов и интерпретаций способствовало возникновению ревизионистских движений в исторической науке, вызвав дискуссию о причинах, природе и последствиях сталинского режима.

Секретный доклад Хрущева на XX съезде КПСС остается одним из самых значительных моментов в истории XX века, олицетворяющим попытку советского руководства переосмыслить историю страны и ее будущее. Ее последствия ощущаются и сегодня, как в России, так и за рубежом, подчеркивая сложность процесса исторической рефлексии и переоценки прошлого. Доклад не только повлиял на политические реформы и культурную жизнь в СССР, но и способствовал изменению внешнеполитической обстановки, особенно в отношениях между Востоком и Западом в период «холодной войны».

Открытие фактов о сталинских репрессиях и последующие исследования также привели к изменению подходов к образованию и исторической науке в России и других странах. В учебную программу была введена новая информация о сталинском периоде, что позволило поколениям студентов получить более полное представление о сложной истории своей страны. Дискуссии о сталинском режиме, его наследии и оценки действий Никиты Хрущева продолжают играть важную роль в современном общественном и политическом дискурсе в России и за ее пределами. Эти дебаты отражают разные точки зрения на историю Советского Союза и ее место в мировой истории, а также разногласия по поводу пути развития современной России и ее идентичности. Процесс переосмысления сталинского периода и десталинизации показывает трудности, с которыми сталкивается общество при попытке реконструировать историческую память, особенно когда это касается трагических и противоречивых аспектов прошлого. Важность открытого доступа к архивным материалам и свободы исследований в этом контексте невозможно переоценить.

Наследие XX съезда КПСС и доклад Хрущева остаются предметом активных исследований и дискуссий. Память о сталинских репрессиях, усилия по их осмыслению и реабилитации жертв продолжают влиять на процессы формирования идентичности и политической культуры в постсоветских государствах. Таким образом, секретный доклад Никиты Хрущева стал важной вехой в истории не только Советского Союза, но и всего мира, оказав глубокое влияние на многие стороны международной политики, общественной мысли и культуры. Он продолжает вызывать интерес и служить предметом для размышлений о важности исторической правды, методах управления обществом и последствиях политических решений.

Обсуждение последствий доклада Хрущева и его влияния на современное общество не может быть полным без рассмотрения продолжающихся усилий по исследованию и пониманию советского периода истории. Эти усилия имеют несколько ключевых аспектов:

В постсоветское время возрос интерес к детальному изучению сталинского режима, что привело к публикации большого количества исследовательских работ, основанных на ранее недоступных архивных материалах.

Доклад Хрущева и последовавшие за ним события десталинизации стали важной частью постсоветского процесса переосмысления истории, который продолжается и по сей день. Этот процесс включает в себя не только академические исследования и образование, но также общественные дискуссии, увековечивание памяти и политические дебаты. Он отражает сложность взаимодействия исторической памяти, идентичности и политики, подчеркивая необходимость продолжения диалога о прошлом для понимания настоящего и построения будущего.

Диалог между странами, имеющими опыт преодоления тяжелого исторического наследия, может способствовать разработке эффективных стратегий социального примирения и восстановления после трагедий.

Продолжение диалога о прошлом, особенно о таких сложных и болезненных аспектах, как сталинские репрессии, требует совместных усилий общества, государства, историков и образовательных учреждений. Это не только способствует более глубокому пониманию истории, но и играет важную роль в формировании общественных ценностей, основанных на уважении прав человека и демократических принципов.

Продолжение диалога о прошлом требует открытости, готовности вести трудные разговоры и признания болезненных аспектов истории. Только совместными усилиями мы сможем достичь глубокого понимания прошлого, обеспечить справедливость для жертв и заложить основу для светлого будущего, в котором уроки истории послужат предостережением от повторения ошибок и основой построения общества, основанного на уважение, терпимость и защита прав человека.

Хрущев осудил использование террора, который стал политическим инструментом сталинского режима, и указал на разрушительные последствия культа личности Сталина для советского общества и правительства. Эти действия были преподнесены как предательство идей социализма и Октябрьской революции.

Доклад Хрущева в то время не был обнародован и распространялся в основном за закрытыми дверями среди партийной элиты, хотя его содержание вскоре стало известно и получило широкую международную огласку. Это выступление способствовало укреплению критического взгляда на сталинскую эпоху не только в СССР, но и среди международного сообщества.

* * *

Распад СССР, произошедший в 1991 году, стал ключевым событием мировой истории конца XX века. Это был процесс распада Союза Советских Социалистических Республик (СССР), в результате которого государство, занимавшее шестую часть суши и включавшее 15 союзных республик, прекратило свое существование.

Процесс распада СССР начался еще в 1980-е годы на фоне серьезных экономических проблем, политического застоя и усиления национальных движений внутри страны. В этом процессе важную роль сыграли следующие факторы:

Реформы, начатые в середине 1980-х годов Генеральным секретарем КПСС Михаилом Горбачевым, были направлены на модернизацию советской экономики и политической системы. Однако они также привели к усилению критики власти, росту общественного сознания и активизации национальных движений.

Конец 1980-х — начало 1990-х годов ознаменовались ростом националистических настроений в ряде союзных республик. Это привело к массовым протестам с требованиями большей автономии или полной независимости от Москвы.

СССР столкнулся с глубоким экономическим кризисом, который проявился в товарном дефиците, стагнации производства и росте внешнего долга.

Внутриполитическая борьба, особенно между сторонниками сохранения СССР и теми, кто выступал за его реформирование или даже его развал, ослабляла центральную власть и способствовала дестабилизации ситуации.

Неудачная попытка консервативных элементов у власти сохранить СССР с прежними полномочиями централизованной власти только ускорила процесс распада.

8 декабря 1991 года лидеры России, Украины и Белоруссии подписали соглашение, положившее начало процессу распада СССР и создания Содружества Независимых Государств (СНГ).

25 декабря 1991 года Михаил Горбачев объявил о своей отставке с поста президента СССР, и в этот же день над Кремлем был спущен советский флаг, символизирующий конец Советского Союза.

Распад СССР имел далеко идущие последствия не только для бывших советских республик, но и для всего мира. Эти последствия ощущаются и в современной геополитической среде, экономике, культуре и международных отношениях.

Все 15 республик, входивших в состав СССР, провозгласили свою независимость и стали суверенными государствами. Это потребовало от них формирования собственных государственных институтов, экономических систем и внешнеполитических направлений.

Переход к рыночной экономике оказался трудным для большинства новых независимых государств. Приватизация, инфляция, безработица, падение уровня жизни и экономический спад стали реальностью в 1990-е годы.

В некоторых регионах, таких как Чечня в России, Нагорный Карабах в Армении и Азербайджане, Приднестровье в Молдове, вспыхнули вооруженные конфликты из-за национального самоопределения и территориальных споров.

Распад СССР устранил главную угрозу ядерной войны и привел к окончанию «холодной войны» между Востоком и Западом. Это открыло путь к новым международным отношениям и сотрудничеству.

Без Советского Союза в качестве противовеса многие страны Восточной Европы и бывшие советские республики стремились вступить в НАТО и Европейский Союз, существенно изменив политическую карту Европы.

Распад СССР и переход к рыночной экономике в бывших советских республиках ускорили процессы глобализации, сделав мировую экономику более взаимосвязанной.

Распад СССР привел к вопросам контроля над ядерным оружием, которое оказалось на территории нескольких новых независимых государств. Важным шагом стало подписание договоров о нераспространении и сокращении ядерных арсеналов. Независимость дала толчок развитию национальных культур.

Распад СССР повлек за собой ряд существенных последствий как для бывших советских республик, так и для всего мира.

После распада СССР на политической карте мира

появилось 15 новых независимых государств, каждое из которых начало свой путь развития со своей политической и экономической системой.

Многие из новых стран столкнулись с серьезными экономическими проблемами, включая инфляцию, безработицу и падение уровня жизни. Переход от плановой экономики к рыночной оказался болезненным и длительным процессом.

Распад СССР также привел к возникновению и обострению многочисленных межэтнических и территориальных конфликтов, некоторые из которых продолжают существовать и по сей день.

Окончание «холодной войны» и распад Советского Союза привели к кардинальным изменениям в системе международных отношений. США оставались единственной сверхдержавой, которая влияла на политическую и экономическую динамику во всем мире.

Бывшие советские республики и страны Восточной Европы стремились к интеграции в западные политические и экономические структуры, что привело к расширению НАТО и Европейского Союза на восток.

Многие страны, возникшие на руинах СССР, начали процесс демократизации, хотя успех этих реформ был неравномерным. Некоторые страны установили авторитарные режимы, в то время как другие добились значительных успехов на пути к демократии.

Во многих новых государствах начался процесс возрождения национальных языков, культур и традиций, подвергавшихся ассимиляции или ограничениям в советский период. Таким образом, последствия распада СССР оказались многогранными и продолжают влиять на мировую политику, экономику и культуру.

Россия 90-х

Путин

путь к власти

Путь Владимира Путина к власти в Российской Федерации – одно из самых значимых политических явлений в новейшей истории страны. Его карьера охватывает переходный период после распада Советского Союза, когда Россия искала свою новую идентичность на мировой арене и свой путь внутреннего развития. Краткий обзор ключевых этапов карьеры Путина и его прихода к власти.

Владимир Путин родился 7 октября 1952 года в Ленинграде (ныне Санкт-Петербург). Окончив школу, он поступил в Ленинградский государственный университет на юридический факультет, который окончил в 1975 году. После университета Путин поступил на службу в КГБ, где служил в разных странах, в том числе в ГДР в 1980-е годы.

В начале 1990-х годов, вернувшись в Ленинград, Путин перешел на работу в городскую администрацию, где быстро продвинулся по служебной лестнице под руководством мэра Анатолия Собчака. Вряд ли можно сомневаться в том, что этот переход в Ленинградскую городскую администрацию благословила служба КГБ. Он занимался вопросами внешних связей и инвестиций, что позволило ему установить множество контактов как внутри страны, так и за рубежом.

В середине 1990-х Путина пригласили в Москву, где он начал работать в администрации президента Бориса Ельцина. Его карьера в федеральном правительстве началась с должности заместителя директора по делам президента, после чего он перешел на более высокие должности, в том числе в руководство Федеральной службой безопасности (ФСБ) и Советом безопасности Российской Федерации. Блестящая карьера для рядового офицера ФСБ.

В августе 1999 года Путин был назначен премьер-министром России, а уже в декабре того же года, после отставки Бориса Ельцина, исполнял обязанности временного президента России. В марте 2000 года он был избран президентом, начав свой первый четырехлетний президентский срок.

После двух президентских сроков (2000-2008 гг.) в соответствии с Конституцией РФ Путин не мог баллотироваться на третий срок подряд и стал премьер-министром, передав президентские полномочия Дмитрию Медведеву. В 2012 году произошла рокировка, как говорят шахматисты, и Путин снова был избран президентом, после чего последовало еще несколько сроков, последний из которых начался в 2018 году. С 2024 году Путин является президентом России уже более 20 лет.

На протяжении всего своего правления Путин сосредоточил усилия на укреплении государственного суверенитета, восстановлении экономики после кризиса 1990-х годов, повышении уровня жизни и возвращении России статуса великой державы на международной арене. Его правление было встречено критикой за ужесточение внутренней политики, ограничение прессы и политических свобод, а также за действия России на международной арене, включая конфликт на Украине.

Приход Путина к власти и его длительное пребывание на высших государственных постах отражают сложную динамику в российской политике и обществе, а его личность и действия продолжают находить широкий резонанс как внутри страны, так и за рубежом.

В марте 2024 года Владимир Путин вновь был переизбран Президентом Российской Федерации, и его деятельность продолжает влиять на политическую ситуацию как внутри страны, так и на международной арене. Вопрос о его будущем во многом зависит от внутренних и внешних политических факторов, а также от решений самого Путина.

Со временем могут произойти различные сценарии. Например, Путин может принять решение уйти с поста президента по окончании своего нынешнего срока или в случае изменения конституционного строя. Возможны и другие варианты, например, переход на другие руководящие должности в правительстве или общественной сфере.

В то же время на политическую систему в России по-прежнему влияют различные факторы, включая уровень поддержки среди населения, действия оппозиции, внешнеполитическое давление и другие факторы. Поэтому будущее политической ситуации в России остается предметом широких дискуссий и прогнозов.

Нападение на Украину в контексте современных

событий можно объяснить несколькими ключевыми событиями, произошедшими за последние несколько десятилетий.

Одним из наиболее значимых событий является аннексия Крыма Россией в 2014 году. После того, как крупные протесты на Украине привели к свержению пророссийского президента Виктора Януковича, российские военные захватили Крым, провели референдум о присоединении полуострова к России и затем аннексировали его. Многие страны мира осудили этот акт, посчитав его нарушением международного права, а Украина продолжает настаивать на своем суверенитете над Крымом. Еще одним важным событием является вооруженный конфликт на востоке Украины, который начался в 2014 году. Пророссийские сепаратисты при поддержке России взяли под свой контроль большие территории в Донецкой и Луганской областях. Этот конфликт привел к тысячам погибших и раненых, а также к серьезным геополитическим и гуманитарным последствиям.

Многие страны и международные организации осудили действия России в Украине и приняли ряд мер, в том числе введение санкций против российских чиновников и компаний. Запад оказал поддержку украинской армии и экономическую помощь Украине. Однако конфликт остается актуальным, и усилия по его разрешению продолжаются.

Нападение на Украину оказало существенное влияние на международные отношения и геополитическую ситуацию. Это привело к ухудшению отношений между Россией и Западом, усилению американской и европейской поддержки Украины, а также изменениям в оборонной и внешней политике многих стран.

В целом нападение на Украину и последующие события оставили глубокий след в истории современной Европы и мировой политики, и эти события продолжают оставаться одной из главных проблем и вызовов для международного сообщества. После нападения на Украину и последующих событий конфликт на востоке Украины продолжается уже несколько лет, причиняя страдания местному населению и усиливая напряженность в регионе. В Украине произошли важные политические события, в том числе президентские и парламентские выборы. В 2019 году президентом Украины был избран Владимир Зеленский, пообещавший бороться с коррупцией и найти мирное решение конфликта на востоке страны. Этот период также ознаменовался усилением внимания к вопросам реформирования страны, экономического развития и укрепления связей с Западом.

Международное сообщество продолжало активно поддерживать Украину и выступать посредником в разрешении конфликта. Однако вопрос восстановления контроля над утраченными Украиной территориями и восстановления территориальной целостности страны остается одним из главных вызовов для украинского правительства и международного сообщества.

События в Украине также имели далеко идущие последствия для международных отношений и безопасности в регионе. Конфликт усилил напряженность в отношениях между Россией и Западом, привлек внимание к вопросам безопасности и стабильности в Восточной Европе и стал предметом дискуссий и дипломатических усилий по решению глобальных проблем.

В целом ситуация в Украине продолжает оставаться сложной и динамичной, а разрешение конфликтов остается одним из приоритетов международного сообщества в обеспечении мира и стабильности в регионе.

Нападение на Украину и вооруженный конфликт на востоке страны создали напряженную ситуацию. На линии соприкосновения ВСУ с сепаратистами периодически возобновлялись вооруженные столкновения, что приводило к жертвам и разрушениям в зоне конфликта.

Украина продолжала стремиться к интеграции с Европейским Союзом и НАТО, подписывая соглашения о сотрудничестве и взаимодействии. Это вызвало некоторую обеспокоенность в России, которая опасалась потери влияния в своем «ближнем зарубежье». Международное сообщество продолжило обсуждение санкций против России в связи с ее действиями на Украине. Санкции оставались одним из инструментов, которые западные страны использовали для давления на Россию и поддержки Украины.

Украина также столкнулась с внутренними проблемами, включая коррупцию, экономические трудности и политическую нестабильность. Украинское правительство предприняло шаги для борьбы с этими проблемами, но решение пока еще далеко.

24 февраля 2022 года Россия напала на Украину. Полномасштабное военное вторжение началось по трем направлениям: со стороны Российской Федерации, Белоруссии и аннексированного Крыма. Эта война,

унесшая тысячи жизней, спровоцировавшая миллионы беженцев, продолжается уже более двух лет. Конфликт Украины с Россией остается одним из главных международных кризисов современности, привлекая пристальное внимание мирового сообщества. В этом году ситуация на фронте продолжает оставаться напряженной, с активными боевыми действиями и гуманитарными проблемами.

По данным ООН, с начала конфликта было убито или ранено не менее 23 600 мирных жителей. Гуманитарная ситуация остается критической: гражданской инфраструктуре, включая дома, школы и медицинские учреждения, нанесен значительный ущерб.

2023 год характеризовался для Украины военными успехами, в том числе атаками на аэродромы в России и Крыму, однако эти действия не привели к существенным изменениям на фронте. В то же время внутренние разногласия внутри украинского руководства и сомнения в продолжении поддержки Запада вызывают дополнительные опасения.

Международное сообщество продолжает оказывать гуманитарную помощь пострадавшему населению и поддерживать Украину в ее стремлении к миру и суверенитету. Важной частью усилий стала Черноморская зерновая инициатива, которая обеспечивает экспорт украинского зерна для поддержания глобальной продовольственной безопасности. Ситуация в Украине остается сложной и динамичной, требующей тщательного мониторинга и адекватного международного реагирования для поиска путей разрешения конфликта и минимизации его последствий для гражданского населения.

Война на Украине продолжается уже два года. Если Россия победит, западному миру необходимо подготовиться. Хищнику никогда не будет достаточно. Он боится и ненавидит всех. Инстинкт подталкивает его атаковать первым. Его шанс на выживание — доминировать над всеми. Его воспаленное воображение рисует картины врагов, жаждущих его крови. Страшен не этот бешеный зверь. Самое страшное то, что западные политики верят, что зверя можно приручить. Запад должен объединиться и уничтожить это бешеное и больное животное. Никакие причины, соглашения, контракты или обещания не сработают. Одержимый фюрер Гитлер до сих пор жив в памяти поколений. Он высмеивал наивность своего противника, готового принять любое соглашение. Страх перед угрозой войны приведет к войне. Сегодняшняя Россия намного превосходит Гитлера как по военной мощи, так и по готовности развязать вселенский пожар.

ИРАН

После свержения шаха в Иране произошли значительные изменения, которые оказали глубокое влияние на политическую, социальную и экономическую жизнь страны. Свержение шаха Мохаммада Резы Пехлеви произошло в результате Исламской революции 1979 года, которая привела к созданию Исламской Республики под руководством аятоллы Рухоллы Хомейни.

В Иране после свержения Шаха было создано теократическое государство: Иран превратился из монархии в Исламскую республику с уникальной формой правления, где последнее слово во многих вопросах остается за высшей религиозной властью (в настоящее время – Верховным лидером) который имеет окончательное во большинстве аспектов государственного и социального устройства.

В 1979 году была принята новая конституция, закрепившая исламские принципы управления и правовой системы, а также введшая должность Верховного лидера.

Религиозное влияние ислама возросло и стало играть центральную роль в общественной жизни, влияя на образование, законодательство и повседневные стороны жизни граждан.

Права женщин были ограничены, хотя они активно участвовали в революции, но после ее успеха на них был наложен строгий дресс-код, а многие права и свободы были ограничены.

Правительство взяло под свой контроль нефтяную промышленность, которая ранее находилась в руках иностранных компаний. Иран столкнулся с международными санкциями, особенно со стороны США, которые оказали влияние на экономику страны.

Отношения между Ираном и Западом, особенно США, ухудшились после захвата американского посольства в Тегеране в 1979 году, что привело к длительному кризису.

Иран стал активным участником региональных конфликтов, поддерживая союзников в Сирии, Ливане, Ираке, Йемене и других странах. Эти изменения создали серьезные проблемы для Ирана, но также предоставили ему возможности укрепить свой суверенитет и региональное влияние.

После начального периода перемен, последовавшего за Исламской революцией 1979 года, Иран пережил периоды либерализации и реформ при таких президентах, как Мохаммад Хатами и Хасан Рухани, которые стремились улучшить отношения с Западом и либерализовать внутреннюю политику. Однако эти периоды часто чередовались с моментами ужесточения контроля со стороны консервативных сил внутри страны.

Несмотря на ограничения, в Иране существует активное гражданское общество, которое периодически демонстрирует свое недовольство политикой правительства, экономическими условиями и социальными ограничениями посредством массовых протестов.

Помимо нефтяной промышленности, Иран пытается развивать другие секторы экономики, такие как сельское хозяйство, технологии и туризм, чтобы уменьшить свою зависимость от доходов от нефти. Экономика Ирана продолжает страдать от международных санкций, которые ограничивают его торговлю и инвестиции. Временное смягчение санкций в соответствии с ядерной сделкой 2015 года (Совместный всеобъемлющий план действий) было снова отменено после выхода США из сделки в 2018 году.

Ядерная программа Ирана остается предметом международной озабоченности и переговоров. Иран утверждает, что его ядерная программа преследует только мирные цели, в то время как другие страны выразили обеспокоенность по поводу возможности разработки ядерного оружия.

Иран активно участвует в региональной политике на Ближнем Востоке, поддерживая союзников в Сирии, Ираке, Йемене и Ливане. Это вызывает напряженность в отношениях с рядом стран региона, включая Саудовскую Аравию, Израиль и США.

Иран сталкивается с серьезными экологическими проблемами, включая нехватку воды, опустынивание и загрязнение воздуха, особенно в крупных городах, таких как Тегеран. Эти проблемы требуют комплексного подхода к управлению ресурсами и разработке устойчивых решений для поддержки экологического благополучия страны и общественного здравоохранения.

Несмотря на международные санкции, Иран продемонстрировал значительный прогресс в науке и технологиях, особенно в таких секторах, как медицина, нанотехнологии и космос. Страна стремится развивать внутренний технологический потенциал и снижать зависимость от иностранных технологий.

Развитие цифровой экономики также является приоритетом для Ирана с упором на развитие стартапов и ИТ-сектора, что способствует созданию рабочих мест и инновациям в различных областях.

Культурная жизнь Ирана остается богатой и разнообразной, включая литературу, кино, музыку и изобразительное искусство. Иранские фильмы регулярно получают международные награды, что свидетельствует о высоком уровне кинематографического искусства в стране.

Цензура и ограничения свободы слова остаются серьезными проблемами, а ограничения прессы и Интернета вызывают критику со стороны международных правозащитных организаций.

Иран придает большое значение образованию, имея один из самых высоких показателей грамотности взрослого населения в регионе. Высшее образование и научные исследования также находятся на довольно высоком уровне благодаря многочисленным университетам и исследовательским институтам.

Страна сталкивается с проблемами, связанными с миграцией образованных специалистов за границу в поисках лучших возможностей, которая известна как «утечка мозгов».

В Иране развита обширная система здравоохранения, обеспечивающая значительный уровень медицинских услуг. За последние десятилетия страна добилась значительного прогресса в улучшении общественного здравоохранения и снижении детской смертности.

Иран претерпел глубокие изменения после свержения шаха и продолжает адаптироваться к новым вызовам и возможностям. Страна остается сложным игроком на международной арене, имеющим влияние в региональных делах на Ближнем Востоке, и продолжает развивать свою внутриполитическую, экономическую и культурную жизнь, несмотря на внутренние и внешние проблемы.

Отношения между Ираном, его марионеточными группировками и международными союзниками: хуситами в Йемене, Хезболлой в Ливане, ХАМАС в Газе, в Ираке, с Сирией, Россией и Северной Кореей — являются ключевыми аспектами его внешней политики и регионального влияния. Эти связи позволяют Ирану укрепить свои позиции в регионе и за его пределами, несмотря на международные санкции и дипломатическую изоляцию. Вот обзор основных направлений взаимодействия Ирана с этими группами и странами:

Прокси-группы: Иран поддерживает хуситов (официально называемых «Ансар Аллах»), предоставляя им военную помощь, включая оружие и обучение. Эта поддержка является частью более широкого регионального противостояния с Саудовской Аравией, которая ведет военную кампанию против хуситов в Йемене.

Хезболла считается одним из ближайших союзников Ирана в регионе. Иран оказывает финансовую, военную и политическую поддержку Хезболле, которая играет значительную роль в ливанской политике и вооруженных конфликтах на Ближнем Востоке.

Отношения между Ираном и ХАМАСом

переживали взлеты и падения, особенно после гражданской войны в Сирии. Иран продолжает поддерживать ХАМАС, предоставляя финансовую помощь и оружие для борьбы против Израиля.

Иран оказывает значительное влияние в Ираке посредством поддержки шиитских ополченцев и политических партий. Эти группы играют ключевую роль в иракской политике и безопасности, позволяя Ирану усилить свое влияние в стране.

Иран является ключевым союзником сирийского правительства Башара Асада, оказывая военную поддержку, включая наземные войска, советников и ополченцев. Эта поддержка помогла Асаду сохранить власть во время гражданской войны.

Сотрудничество с Россией и Северной Кореей позволяет Ирану укрепить свой оборонный потенциал и обойти международные санкции. В случае с Россией это сотрудничество также имеет региональное измерение, особенно в Сирии, где обе страны поддерживают режим Асада. Отношения между Ираном и Северной Кореей также характеризуются сотрудничеством, особенно в военной и ядерной областях. Обе страны сталкиваются с международными санкциями и изоляцией, что поощряет их сотрудничество, чтобы обойти эти ограничения. Сообщается, что Северная Корея предоставила Ирану технологии для разработки баллистических ракет и, возможно, оказала помощь в его ядерной программе.

Отношения Ирана с его марионеточными группировками и международными союзниками отражают сложную сеть взаимодействий, которая играет ключевую роль в его стратегии регионального и глобального влияния. Эти отношения укрепляют позиции Ирана на Ближнем Востоке, но также вызывают напряженность и конфликты с другими государствами, стремящимися контролировать его влияние. Взаимодействие с Россией и Северной Кореей подчеркивает желание Ирана работать с другими изолированными странами, чтобы противостоять давлению Запада и укреплять свой оборонный и технологический потенциал.

Все эти взаимодействия и отношения оказывают существенное влияние на региональную и глобальную стабильность. Поддержка Ираном марионеточных группировок увеличивает его влияние в регионе, но также приводит к напряженности и конфликтам с другими странами, особенно Саудовской Аравией, Израилем и Соединенными Штатами, которые рассматривают действия Ирана как угрозу своим интересам.

Нынешнее противостояние Ирана и Израиля является одним из наиболее значимых и продолжительных региональных конфликтов на Ближнем Востоке. Это противостояние имеет множество измерений, включая политическое, стратегическое, идеологическое и религиозное.

Идеологические и религиозные различия:

После Исламской революции 1979 года Иран заявил о своей решительной поддержке палестинцев и неоднократно призывал к разрушению Государства Израиль. Это резко контрастирует с политикой Израиля по поддержанию своего суверенитета и безопасности, а также с его позицией по палестинскому вопросу.

Военное и стратегическое соперничество:

Иран и Израиль вовлечены в косвенное военное соперничество, которое проявляется через поддержку марионеточных группировок и проведение военных операций. Израиль обвиняет Иран в попытках разработать ядерное оружие и в поддержке террористических группировок, таких как «Хезболла» в Ливане и «ХАМАС» в секторе Газа, которые представляют угрозу безопасности Израиля. В ответ Израиль провел военные операции против иранских объектов в регионе, особенно в Сирии, где Иран поддерживает правительство Асада.

Региональные альянсы и влияние:

Иран стремится расширить свое влияние на Ближнем Востоке, поддерживая союзные группы и правительства в таких странах, как Сирия, Ирак, Ливан и Йемен. Израиль, в свою очередь, стремится уравновесить это влияние укреплением своих отношений с другими арабскими государствами, о чем свидетельствуют недавние соглашения о нормализации отношений с некоторыми из них (например, Авраамовы соглашения).

Ядерная программа Ирана

Ядерная программа Ирана остается центральным элементом напряженности в отношениях между двумя странами. Израиль, обладающий собственным ядерным арсеналом (хотя и не признающий его официально), рассматривает возможное приобретение Ираном ядерного оружия как угрозу стабильности и миру на Ближнем Востоке. Это привело к постоянным призывам Израиля к международному сообществу ужесточить санкции против Ирана и даже к угрозам военного вмешательства, чтобы помешать Ирану разработать ядерное оружие.

На международной арене Иран и Израиль активно стремятся заручиться поддержкой своих позиций со стороны других стран и международных организаций. Это противостояние проявляется в обмене обвинениями и попытках повлиять на международное мнение по важным для обеих стран вопросам.

В целом конфронтация между Ираном и Израилем имеет глубокие корни и многогранна, охватывая широкий спектр политических, стратегических и идеологических разногласий. Эта конфронтация оказывает существенное влияние на региональную стабильность на Ближнем Востоке и требует тщательного балансирования внешней политики со стороны многих международных игроков.

Иран играет ключевую роль в поддержке марионеточных сил в борьбе против Израиля, используя группировки, «Хезболла» и хуситов «Ансар Аллах» в Йемене. Иран предпочитает действовать за кулисами и через эти вооруженные группировки, рассматривая их как часть «священной оси сопротивления» американским и израильским властям. Эти группировки действуют в соответствии с иранской внешней политикой и стратегическими целями, например, хуситы в Йемене атакуют торговые и военные корабли в Красном море, что соответствует иранским интересам. «Хезболла», ливанская шиитская группировка, является одним из ключевых союзников Ирана в регионе. До гражданской войны в Сирии «Хезболла» позиционировала себя как силу, борющуюся с Израилем. Сирия служила транзитным пунктом для поставок военной техники из Ирана в «Хезболлу». После начала гражданской войны в Сирии «Хезболла» активно поддержала режим Асада, что вызвало изменение восприятия группировки среди суннитов. «Хезболла» также выразила солидарность с ХАМАС и обменялась ударами с Израилем, указывая на возможность более широкого конфликта, если израильские войска войдут в сектор Газа.

Корпус стражей исламской революции (КСИР) считает Ливан линией фронта в борьбе с Израилем, используя территорию страны для возможных ракетных обстрелов Израиля, даже вопреки воле официального Бейрута. Это демонстрирует, как Иран использует марионеточные группы и союзные территории для проецирования своего влияния и достижения стратегических целей в регионе, несмотря на риски для местного населения и региональной стабильности.

Лидер "Хезболлы" Хасан Насралла не исключил возможности полномасштабной войны между Израилем и Ливаном, подчеркнув, что такой сценарий вполне реален, и предостерег израильскую армию от действий на ливанском фронте. Насралла подчеркнул, что Израиль должен признать реальность угрозы полномасштабного конфликта и что превентивный удар по Ливану станет «самой глупой ошибкой» в истории Израиля. В ответ премьер-министр Израиля Биньямин Нетаньяху заявил, что решение «Хезболлы» вступить в войну будет «ошибкой всей ее жизни», пообещав удары «невообразимой силы».

Аналитики предупреждают, что потенциальная война между Израилем и «Хезболлой» может быть значительно более опасной и кровавой, чем нынешний конфликт с ХАМАС, указывая на серьезные последствия для всего региона. Это подчеркивает сложность и нестабильность ситуации на Ближнем Востоке, где напряженность между Израилем и его соседями продолжает расти, создавая риски более широкого конфликта.

АМЕРИКА БАЙДЕНА
2020-2024 гг.

С 2020 по 2024 год Джо Байден занимал пост 46-го президента Соединённых Штатов Америки, сменив Дональда Трампа. Байден, давний член Демократической партии и бывший вице-президент при Бараке Обаме (2009–2017), сосредоточил свою кампанию на нескольких ключевых вопросах, включая борьбу с пандемией COVID-19, восстановление экономики, изменение климата, социальное равенство и восстановление альянсов США на международной арене.

Что касается вопросов климата, Байден объявил о возвращении США к Парижскому соглашению по климату. Одним из первых решений Байдена после вступления в должность было аннулирование разрешения на строительство трубопровода Keystone XL, по которому должна была транспортироваться нефть из канадских песчаников в Техас. Это решение стало частью его обещания бороться с изменением климата и переходом на более чистые источники энергии.

Администрация Байдена приняла План спасения Америки стоимостью 1,9 триллиона долларов, направленный на поддержку американских граждан и малого бизнеса из-за экономического ущерба, нанесенного пандемией COVID-19. План включал прямые выплаты гражданам, увеличение пособий по безработице и финансовую поддержку малого бизнеса.

В апреле 2023 года Джо Байден объявил о своем намерении баллотироваться на второй срок на посту президента США на выборах 2024 года. Однако исход этих выборов и окончательное решение о том, пойдет ли он на второй срок, будут зависеть от результатов голосования.

Оценка президентства Джо Байдена, как и любого другого президента, во многом зависит от политических взглядов, индивидуальных убеждений и интерпретации достижений и неудач его администрации. В общественном и политическом дискурсе США существует широкий спектр мнений относительно его руководства страной.

Критики Байдена указывают на различные аспекты его политики и управления, которые, по их мнению, оказали негативное влияние на страну. Сюда входят его подходы к экономической политике, управлению границами, реагированию на COVID-19 и внешней политике. Они могут аргументировать свою позицию, указывая на высокую инфляцию, иммиграционные проблемы или решения в области энергетики, которые, по их мнению, подрывают национальную безопасность и экономическую стабильность.

Джо Байден, занимавший пост вице-президента Барака Обамы с 2009 по 2017 год, часто ассоциируется с политикой и достижениями администрации Обамы. С момента избрания президентом в 2020 году Байден во многом позиционировал себя как продолжатель некоторых аспектов политики Обамы, особенно в таких областях, как здравоохранение, изменение климата и внешняя политика. Вот некоторые ключевые области, в которых Байден следует политике администрации Обамы или расширяет ее.

Байден выступал за усиление и расширение Закона о доступном медицинском обслуживании (ACA), более известного как Obamacare, который был принят при администрации Обамы.

Как и Обама, Байден уделяет большое внимание борьбе с изменением климата. Он объявил о возвращении США к Парижскому соглашению сразу после вступления в должность и предложил амбициозную программу по достижению углеродной нейтральности к 2050 году.

Байден стремится восстановить альянсы и партнерские отношения, которые, по его мнению, были подорваны в предыдущие годы. Он подчеркнул важность международного сотрудничества и многосторонних подходов к решению глобальных проблем, что напоминает подход Обамы.

Администрация Байдена настаивает на более гуманной иммиграционной политике, которая также отражает чаяния администрации Обамы, хотя и с некоторыми изменениями и разъяснениями.

Байден сосредоточен на восстановлении экономики после пандемии COVID-19, в том числе посредством крупных инвестиций в инфраструктуру и технологии, что также отражает интересы администрации Обамы в экономическом развитии и инновациях.

Однако существуют и различия в подходах обеих

администраций из-за изменений в глобальной политической, экономической и социальной среде, а также уникальных проблем, с которыми столкнулась администрация Байдена, включая пандемию COVID-19 и ее последствия. Байден также предложил и реализовал ряд инициатив, отражающих его собственные приоритеты и взгляды на управление страной.

Барак Обама и Джо Байден поддерживали тесные рабочие и личные отношения в течение двух сроков правления администрации Обамы, когда Байден занимал пост вице-президента. Этот опыт, несомненно, оказал влияние на Байдена как политика и на его подход к управлению в качестве президента. Однако степень, в которой Обама напрямую влияет на решения Байдена во время его президентства, может быть менее очевидной и прямой.

Опыт работы в администрации Обамы дал Байдену уникальную перспективу и понимание федерального управления, которые он мог использовать в своих решениях в качестве президента. Байден, возможно, также обращался за советом к Обаме по ключевым вопросам, учитывая их долгосрочное партнерство и опыт Обамы на посту президента. Учитывая их схожие политические взгляды и ценности, можно предположить, что идеологическое влияние Обамы и подход к управлению остаются актуальными для Байдена. Это могло бы включать общее внимание к здравоохранению, изменению климата, экономической политике и внешней политике.

Несмотря на влияние и опыт, полученные во время работы с Обамой, Байден продемонстрировал готовность продвигать свои собственные приоритеты и инициативы, которые могут отличаться от подходов администрации Обамы или дополнять их. Примеры включают его подход к пандемии COVID-19, восстановлению экономики и инвестициям в инфраструктуру.

Байден столкнулся с уникальными проблемами, такими как пандемия COVID-19 и ее социальные и экономические последствия, которые требовали конкретных решений, отличных от тех, с которыми столкнулась администрация Обамы. В конечном счете, опыт Обамы и его подход, безусловно, повлияли на Байдена.

2024 год — год президентских выборов в США на ближайшие четыре года. Байден объявил о своем участии в выборах, надеясь получить большинство голосов и быть избранным на второй срок. Его оппонентом, как и четыре года назад, является Дональд Трамп. Бой будет бескомпромиссным.

На сегодняшний день невозможно точно предсказать победителя президентских выборов в США в 2024 году. Основные политические силы – Демократическая и Республиканская партии – активно готовятся к выборам, выдвигая различных кандидатов и формулируя свои стратегии. Внутри обеих партий существуют различные внутренние фракции, включая более радикальные группы, что делает предвыборную гонку особенно непредсказуемой.

Выборы 2024 года станут первыми после перераспределения голосов Коллегии выборщиков на основе результатов переписи населения США 2020 года. Такое перераспределение голосов выборщиков повлияет на исход выборов, и текущая политическая карта Соединенных Штатов показывает, что некоторые штаты, такие как штаты «Ржавого пояса» и «Солнечного пояса», являются ключевыми полем битвы, что делает их важными для стратегий кандидатов.

Процесс определения кандидатов от каждой партии включает праймериз и кокусы в разных штатах, где избиратели решают, кто будет представлять их партию на национальных выборах. Важно отметить, что победитель праймериз и кокусов получает поддержку определенного числа делегатов, что является лишь обещанием поддержки на национальном уровне.

Учитывая эти аспекты, исход выборов будет во многом зависеть от текущей политической обстановки, включая внутрипартийную конкуренцию, национальные и международные проблемы, а также от того, как кандидаты смогут мобилизовать избирателей в ключевых штатах.

ПОСЛЕСЛОВИЕ

Будущее нашего мира, в нынешней обстановке геополитической напряженности, технологических достижений и экологических проблем, похоже, приближается к периоду, отмеченному значительными преобразованиями. Эксперты из различных аналитических центров и институтов выразили свои взгляды на то, что может сформировать международную систему в ближайшем будущем.

Одной из основных тем является меняющийся характер глобальной торговли и неравенства, влияние киберпространства и новых технологий, а также критическая важность решения проблемы изменения климата и перехода к устойчивым источникам энергии. Ожидается, что эти факторы приведут к новому определению конкуренции и конфликтов, бросив вызов традиционной роли национальных государств в международной системе. Упадок многосторонности, усугубленный соперничеством США и Китая, подчеркивает необходимость нового подхода к глобальному управлению, который может эффективно решать транснациональные проблемы.

Соперничество между США и Китаем, особенно в экономической сфере и их влияние в Индо-Тихоокеанском регионе, становится определяющей чертой глобальной геополитики. Считается, что США, сохраняя свое военное и культурное влияние, отстают от Китая в плане экономических отношений внутри региона. Эта динамика имеет решающее значение, поскольку она может формировать геополитический ландшафт на десятилетия вперед. Разрыв в экономической дипломатии, подчеркнутый отсутствием США в крупных торговых соглашениях, таких как RCEP и CPTPP, по сравнению с активным участием Китая, предполагает сдвиг в балансе сил.

Заглядывая в будущее до 2025-2030 годов, четыре сценария предполагают различную степень влияния США и Китая, устойчивость или ослабление обеих стран после Covid-19, а также их двустороннее взаимодействие. Ни один из этих сценариев не предполагает полного сотрудничества между США и Китаем; однако они подчеркивают возможности выборочного сотрудничества по глобальным вопросам, где интересы совпадают. Ожидается, что будущий геополитический порядок будет характеризоваться слабой многополярностью, при этом влияние других крупных держав, таких как Индия, Япония и европейские страны, станет более значительным. Этот складывающийся ландшафт предполагает, что ни одна нация не будет доминировать, что приведет к более фрагментированному мировому порядку, в котором региональные державы будут играть ключевую роль.

Подводя итог, можно сказать, что мир находится на перепутье, столкнувшись со сложным взаимодействием экономических, технологических и экологических проблем, которые требуют радикального переосмысления международного управления и сотрудничества. Будущее, вероятно, будет отмечено беспорядочной многосторонностью, динамикой конкуренции между крупными державами и необходимостью инновационных подходов к глобальному управлению, которые смогут ориентироваться в тонкостях 21-го века. Путь вперед потребует гибкости, сотрудничества и приверженности решению фундаментальных проблем, выходящих за пределы национальных границ.

События, произошедшие в середине апреля 2024 года, решительно изменили ход мировых событий, и мировое сообщество, убаюканное кажущимися локальными конфликтами, внезапно проснулось от дремлющей летаргии устоявшегося мирного противостояния. Россия с последовательностью, достойной лучшего использования, уничтожает инфраструктуру и население Украины. Евросоюз и США пытаются ослабить Россию с помощью украинцев, оставаясь в стороне, опасаясь быть втянутыми в военное противостояние. Остальной мир осуждает любую агрессию, а оставшиеся наблюдатели готовы поддержать победителя.

Иран, решив, что пришло время показать, кто решает проблемы в Азии и мире, перешёл от пассивной поддержки своих доверенных лиц — ХАМАСа в секторе Газа, Хезболлы в Ливане, хуситов в Йемене и послушных лидеров Сирии, заявил о своем решении наказать государство Израиль, которое давно и публично предупреждало мировое сообщество об опасности со стороны Ирана, готовящегося создать атомное оружие. В ночь с 13 на 14 апреля 2024 года Иран напрямую атаковал Израиль. Армада беспрецедентной одновременной мощи состояла из современных боевых машин, в том числе 170 беспилотников, 30 крылатых ракет и более 120 баллистических ракет. Тегеран назвал это самообороной и реакцией на удар ВВС Израиля по иранскому консульству в сирийской столице в апреле 2024 года.

Иран: «Мы напали на сионистский режим в соответствии со статьей 51 Устава ООН (нападение в целях самообороны) после нападения на Дамаск. Мы предостерегаем Израиль от любых военных действий. Мы законно ответим на любую агрессию против наших интересов и территориальной целостности».... Постоянный представитель Исламской Республики при ООН Амир Саид Иравани.

Армия обороны Израиля сообщила о перехвате 99% иранских ракет и беспилотников. Несколько иранских ракет поразили авиабазу Наватим в пустыне Негев, не причинив никакого ущерба.

В обороне Израиля приняли участие вооруженные силы США, Англии, Франции и Иордании. Белый дом решительно осудил действия Ирана, объявив о консультациях с союзниками по G7 для разработки дипломатического ответа на нападение Ирана на Израиль.

Израиль призвал международное сообщество ввести санкции против Ирана в ответ на ракетный удар. Израиль также намерен ответить на удар Ирана, рассматривая различные варианты ответного удара. Международное сообщество опасается региональной войны на Ближнем Востоке, которая может перерасти в крупную войну с угрозой превратить арабский мир в поле противостояния Израиля и Ирана. В это противостояние могут быть втянуты ведущие страны нашего мира. Призрак Третьей мировой войны уже пугающе близок.

За пять-шесть тысяч лет мировой цивилизации человечество пережило множество войн. От хищнических к религиозным, от колониальных к идеологическим, от освободительных к социалистическим. Первая мировая война 1914–1918 гг., Вторая мировая война 1939–1945 гг. Человечество изобретает все более совершенное оружие для уничтожения друг друга. Вершиной человеческого гения стало изобретение атомной бомбы. Это ужасающее оружие уничтожения своего собственного вида, гомо сапиенс (homo sapiens), рано или поздно попадет в руки религиозных или идеологических фанатиков, ненавидящих тех, кто не разделяет их взглядов. Человечество уже вступило на порог взаимного уничтожения и самоуничтожения. В ночь на 13 апреля 2024 года ультрарелигиозный Иран направил армаду беспрецедентной мощи для уничтожения государства Израиль. Атака была отбита с помощью союзников Израиля. Человеческий мозг отказывается верить в то, что могло бы произойти, если бы иранская ракета попала в израильский ядерный реактор. Начало конца или просто конец глупого вида человеко-обезьян?

Цивилизация вида гомо сапиенс (homo sapiens) началась со строительства молитвенных домов (зиккуратов), а сегодняшние потомки тех верующих в высшие силы, стремятся уничтожить все живое, надеясь выжить с помощью этих самых высших сил. Идеологии – это те же религии, но концепция построена по другому принципу. Идеологи марксизма-ленинизма, сталинизма, маоизма и других измов стремятся к мировому господству и уничтожению всех инакомыслящих. Большинство этих стран уже имеют атомное оружие и без колебаний применят его.

Нет ничего хуже, чем религиозно-идеологические фанатики, готовые на самоуничтожение во имя своей веры или идеалов.

Означает ли это, что человечество обречено, покажет только время. Мы можем только надеяться, что не доживём до этого более чем прискорбного момента.

Конец